暴かれた伊達政宗
「幕府転覆計画」

ヴァティカン機密文書館史料による結論

大泉光一

文春新書

1138

まえがき

■ヴァティカン機密文書館

イタリア・ローマ市郊外にあるカトリックの総本山、ヴァティカン市国。サン・ピエトロ寺院（大聖堂）の裏手にある一般観光客の立ち入り禁止区域へのアクセス管理事務所でパスポートを提示し、訪問手続きを済ませてから、建物の外の通りをまっすぐ歩いてゆくと、右側の奥にある四階建ての薄茶色をした重厚な建物が、目的地、ヴァティカン機密文書館（Archivio Segréto Vaticano：ＡＳＶ）である。

ＡＳＶは、一六一〇年にローマ教皇パウルス五世によって創建された。奇しくもパウルス五世は、本書の主題である慶長遣欧使節の支倉六右衛門常長ら一行を公式に引見した教皇である。

ＡＳＶには六百五十の文庫があり、文書を収めた書棚群（Bunker）の総延長は八十五キロメートルにも及ぶ。ここは世界でもっとも重要な歴史研究センターのひとつである。ＡＳＶが一般の研究者に開放されるようになったのは、教皇レオ十三世時代の一八八一年である。所蔵文書を知るには、総合目録（Schedario Garampi）、ヴァティカン台帳（Registra Vaticana）、ラテラノ台帳（Registra Lateranensia）、枢機卿会議（Consistorium）関連文書などのカタログがあり、三万五千巻が記されている。

ＡＳＶに所蔵されている文書には、驚くべきものが多い。たとえば、英国王ヘンリー八世と王妃キャサリンとの離婚を許すよう英国議会がローマ教皇に請願した一五三〇年の書簡。結局、教皇はこの離婚は認めず、カトリックから英国国教会が分離する。ちなみに、ヘンリー八世の再婚相手のアン・ブーリンが生んだ娘が後の英国女王エリザベス一世である。また、地動説を唱えてローマ教皇庁の宗教裁判で有罪判決を受けたガリレオ・ガリレイの、一六一六年から一六三三年までの千百二十ページに及ぶ裁判記録も所蔵されている。

同館の利用規定はかなり厳格で、古文書読解能力を持つ研究者による学術研究に対してのみ、入館が許可される。外国人研究者が利用証を発行してもらうためには、身分証明書（パスポート）、博士号学位証明書、歴史研究所か科学研究所の推薦書、研究テーマの内容と、所蔵文書の利用目的を記した理由書などを提出しなければならない。

それらをクリアして、希望する文書を閲覧するには、まずＡＳＶの建物正面入り口左側

ヴァティカン機密文書館

奥にある入館許可申請事務所で閲覧室への入室証を発行してもらう。その後、エレベーターで二階の閲覧室受付カウンターに行く。そこで申請書に閲覧したい文書の閲覧番号と書棚群名を記入する。十分から十五分待つと、職員が申請時に指定された閲覧席まで、原文書を持ってきてくれる。

筆者がはじめてＡＳＶを訪れたのは、一九九一年（平成三年）七月のことであった。目的は、「日本国奥州王使節のローマ教皇への公式謁見式」のラテン語表記の記録文書を閲覧することだった。原文書を直接自分の手にとった時の感触、感動は今でも忘れられない。その後、二、三年に一度の割合でＡＳＶを訪れて、慶長遣欧使節関係の文書の採録調査を行なっている。

ヨーロッパでの文書の採録調査には、必ず妻の陽子が同行してくれているが、制限が極めて厳しいＡＳＶでは、同行者の閲覧室への入室を許可してくれない。そのため、筆者が調査中、妻は何時間もＡＳＶの外で待つことになる。たいへんな苦労をかけていることに、あらためて感謝したい。

ヴァティカン機密文書館の書庫内

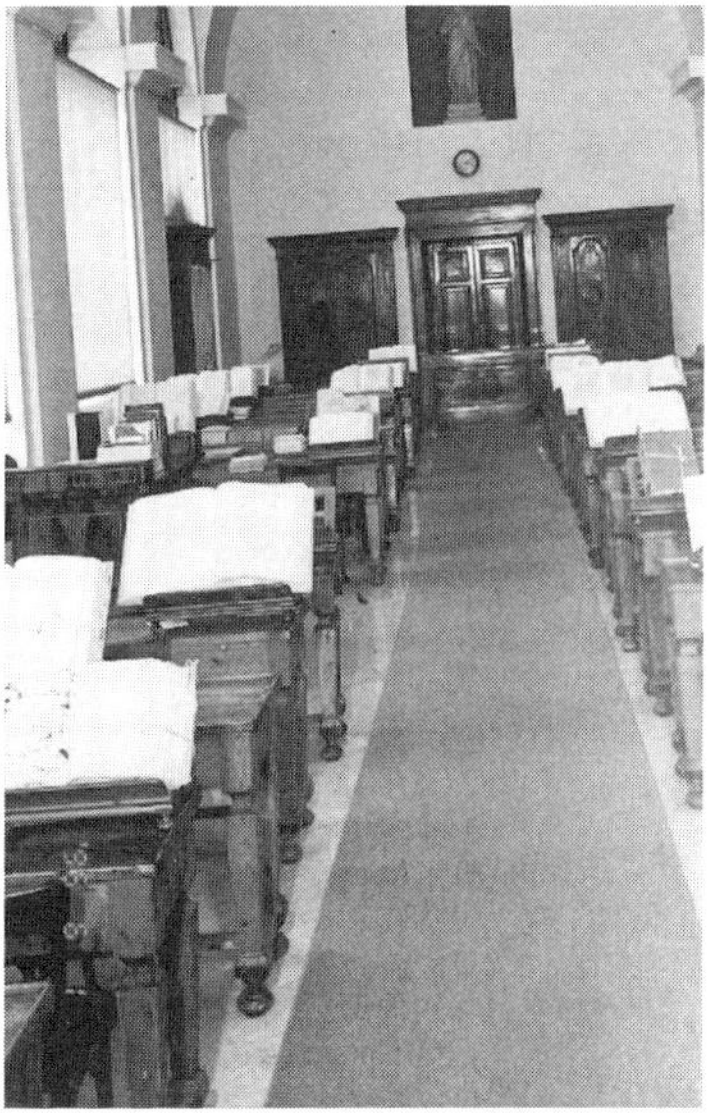

ヴァティカン機密文書館の閲覧室

■古典ロマンス語の壁

さて、本書のテーマは、慶長十八年（一六一三年）九月、仙台藩主・伊達政宗が派遣した「慶長遣欧使節」の本当の目的を明らかにすることにある。

中学校の歴史教科書にも登場する、有名な使節団であるが、その目的については、いまだに、当時スペインの植民地であったメキシコ（当時の日本語の表記では「濃毘数般（のびすぱん）」＝ヌエバ・エスパニア＝新スペイン）と直接、交易を始める交渉をすること、および、カトリックの宣教師の派遣を要請すること、の二つとされている。

本当にそれだけだろうか。

一足飛びに結論を述べると、政宗の本当の目的は、ローマ教皇の力でスペインの軍事的協力を得て、徳川幕府に最後の決戦を挑み、徳川秀忠に代わって伊達政宗が将軍職に就き、日本の支配者になることであった。

政宗はローマ教皇に対して、自分を「カトリック王」に叙任し、日本における「カトリック騎士団」の創設を認めてくれたなら、三十万人の日本のキリシタンを糾合して徳川幕府を倒し、日本を「カトリック王国」にしてみせると申し出ていたのである。当時、日の沈まぬ帝国を築いていたスペインの軍事力を考えると、これは現実的な話である。

その証拠となるのが、先述のＡＳＶに所蔵されている文書なのである。

ＡＳＶには慶長遣欧使節関係文書が数十所蔵されており、大半はボルゲーゼ文庫内にある。主な文書は、使節団が教皇パウルス五世に請願した事柄に対する回答文書の下書きや、日本のキリスト教徒がパウルス五世にあてた書簡、また、日本の畿内のキリスト教徒による連署状などである。

いきなり大胆な結論を示されて、面食らう読者も多いことかと思う。これまで、多くの歴史学者の研究により、定説とされてきたことがまったく違うと述べているのだから、それも当然だろう。そこで、ここでは一点だけ、定説が間違ってきた背景について述べておきたい。

それは言葉の壁である。

慶長遣欧使節関連の史料は、日本国内にはほぼ存在しない。その理由は容易に想像がつく。最終的に幕府転覆の夢が叶わなかった政宗が、徹底的に証拠を隠滅したからである。後述するが、慶長遣欧使節が帰国したのは、大坂の陣が終り、天下が徳川のものと定まった後であった。そんな時に、自分を「カトリック王」に叙任してくれたら、「カトリック騎士団」を率いて日本をキリシタンの王国にします、などとローマ教皇に申し出ていた事実が幕府にばれたら、いかに政宗であろうと、即刻、改易、追放（もしくは切腹）になっていたのは間違いない。日本国内にある証拠は残らず消し去ったであろう。

そもそも政宗は、「カトリック王」の叙任と、「カトリック騎士団」の創設についての請願は、文書にすらせず、日本から送った大使に〝口頭で〟請願させていた。そのくらい、秘密裏にものごとを進めたのである。後に仙台藩で編纂された史料も、同様の隠蔽が行なわれたはずである。

一方、使節の訪問先のメキシコ、スペイン、ローマには、ありのままの記録が残されていた。それを調査すれば、真相はわかったはずである。実際、ＡＳＶには、「カトリック王」と「カトリック騎士団」について、口頭でなされた政宗の請願に対するローマ教皇庁側の回答の下書きが残されていた。そこには、どちらの請願もローマ教皇としては受け容れられない旨が書かれている。政宗が請願をしていた証拠である。

では、なぜ、現地での調査がなされてこなかったのか。

それは、これらの文書がすべて古典ロマンス語（古典スペイン語、古典ポルトガル語、古典イタリア語、古典ラテン語などの総称）で書かれているからだ。これを原文で読み、理解することのハードルの高さが、研究を困難なものにしてきた。

研究者が原典にあたらず、明治時代、まだ辞書も不完全であった頃に訳された、転写漏れ、誤写や誤訳だらけの史料集（『大日本史料（第十二編之十二）』）を引用、孫引きして研究を進めたため、不可解な定説が生まれたと言っていいだろう。

筆者は、この難解な古典ロマンス語を習得することから研究を始め、メキシコ、スペイン、イタリア、フランスなどで原史料の発掘、調査を行い、手書きの古典ロマンス語の史料を翻刻、翻訳する作業を続けてきた。その成果は、『支倉六右衛門常長「慶長遣欧使節」研究史料集成』（全三巻、雄山閣）として、今年（二〇一七年）の六月に完成した。

その、半世紀にわたる原史料の精査の結果が、本書である。ここには、四百年前の真実があると自負している。

・外国の人名、地名などの日本語表記は、原則として現地語の表記としたが、日本語での慣用表記がある場合はそれに従った。また、いずれも適当でない場合は、スペイン語の表記を採用した。原文の日本の人名、地名などは、適宜推定を加えて日本語に置き換えた。
・ローマ教皇はラテン語表記とした（パウロ五世→パウルス五世）。
・支倉六右衛門について、諱は一般に「常長」で知られているが、伊達藩の公式記録に諱の表記はなく、海外に現存している七通の自筆署名の文書にはすべて、「支倉六右衛門長経」とある。よって「長経」を正しい諱と認めるべきではあるが、本書では「常長」を用いることにする。

・年月日については、日本で起きたことは「元号（西暦）日本での日付」、海外で起きたことは「西暦（元号）海外での日付」とした。当時の和暦とグレゴリウス暦とでは、場合によっては一カ月ほど違いがある。また、日本と関係のない出来事は、西暦だけ記した。

目次

第二章　幕府転覆計画への転換

- ソテロ神父との出会い
- フランシスコ会とイエズス会の確執
- 「商教一致」を受容
- 後藤寿庵を召し抱える
- 一致した家康・政宗の思惑
- 使節船の建造
- 通商交易から幕府転覆へ
- 渡航先の変更
- 大使に支倉常長を選ぶ
- 支倉常長の人となり

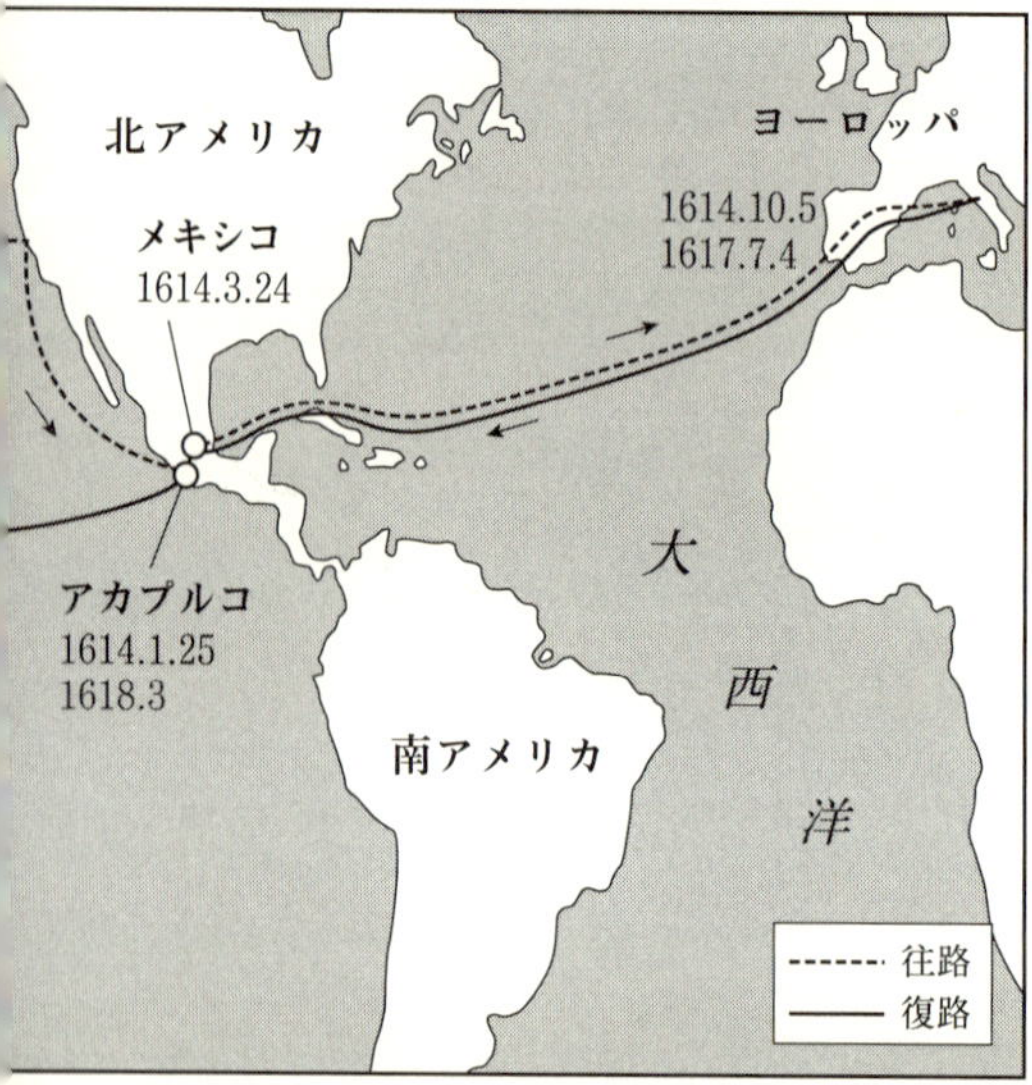
北アメリカ
ヨーロッパ
メキシコ
1614.3.24
1614.10.5
1617.7.4
アカプルコ
1614.1.25
1618.3
大西洋
南アメリカ
往路
復路

ヴェネツィア
ジェノヴァ
1615.10.12
イタリア
チヴィタヴェキア
1615.10.18
ローマ
1615.10.25
1616.1.7
地中海
往路
復路

慶長遣欧使節の足取り
仙台
1613.10.28 発
1620.9.20 着
アジア
1620.8.26
マニラ
フィリピン諸島
1618.6
太平洋

ヨーロッパでの足取り
スペイン
ポルトガル
バルセロナ
1615.10.3
マドリード
1614.12.20
セビィリャ
1614.10.21
コリア・デル・リオ
1614.10.5 着
1617.7.4 発

序章　慶長年間の日本

■関ヶ原から大坂の陣まで

本論に入る前に、伊達政宗が慶長遣欧使節団（出帆・慶長十八年〈一六一三年〉九月十五日、仙台帰省・元和六年〈一六二〇年〉八月二十四日）を派遣した当時の日本のようすについて、ざっくりと述べておきたい。

慶長五年（一六〇〇年）に関ヶ原の戦いが起き、豊臣秀吉没後の天下が徳川家康のものとなることが明らかになった。慶長八年（一六〇三年）、家康は征夷大将軍の宣下を受け、江戸に幕府を開く。さらに、家康はわずか二年あまりで将軍職を嫡子、秀忠に譲り、将軍職は徳川家の世襲であることを天下に示した。

しかし、当時はまだ、大坂城に豊臣秀吉の遺児、秀頼が健在であった。そのため、天下は徳川家のものとなったとはいえ、磐石と呼べるものではなかった。大坂冬の陣（慶長十九年〈一六一四年〉）、夏の陣（慶長二十年〈一六一五年〉）によって豊臣家を滅ぼして、やっと徳川の天下は揺るぎないものになったのである。

将軍職を秀忠に譲った後も大御所として権力を握っていた家康は、豊臣家を滅ぼした翌年の元和二年（一六一六年）に亡くなる。この時、もはや徳川家の天下を覆すことは不可能になっていた。

つまり、出発時点では、まだ天下を覆す可能性がゼロではなかったが、帰国時点ではほぼゼロになっていたという状況を、頭に入れておいていただきたい。

■禁教令の流れ

もう一つ、当時のキリスト教に対する幕府の態度について簡単に確認しておきたい。

戦国時代、盛んに来日した宣教師によって、キリスト教は瞬く間に日本全国に広がっていった。当時、貿易の利益を得るために各大名もキリスト教を好意的に受け入れた。それだけでなく、大名自身も入信する例が少なくなかった。天正遣欧少年使節を送った九州の大友宗麟、大村純忠、有馬晴信をはじめ、秀吉の軍師だった黒田官兵衛、最後まで棄教せず、海外に追放された高山右近などが、キリシタン大名として知られる。

一六一四年（慶長十九年）十月二十四日付のイエズス会本部に宛てた「カミッロ・コスタンツォ書簡」によると、一六一四年現在における日本全国のキリシタン数は、三十七万人と推定されている。一方、イエズス会士ガブリエル・デ・マストは、『日本迫害報告』の中で、一六一四年十一月までのキリシタンの数を五十万人としている。

宣教師が本国に向けて書いたものであるから、誇大な数字になっていると思われるが、キリスト教が急速に広まっていったようすはわかる。

秀吉政権下の天正十五年（一五八七年）にバテレン追放令、文禄五年（一五九六年）に禁教令が出されたことがあるが、どちらも徹底したものではなかった。家康も当初、貿易の利益を優先し、キリスト教には好意的とは言えないまでも、弾圧といった政策をとることはなかった。

状況が一変するのは、慶長十七年（一六一二年）三月に江戸、京都、駿府などをはじめとする幕府の直轄領に対して布告された禁教令からである。教会の破却と布教の禁止を定めたこの禁教令に諸大名もならい、翌慶長十八年（一六一三年）二月には全国に対して禁教令が出される。同年、バテレン追放令も出され、さらに、同年八月六日、幕府は全五カ条の法度を出し、「伴天連門徒御禁制なり、もし違背あらは、忽ち其科を遁るべからず事」と、キリシタン禁制を定め、条文の領内通達を義務付けた。以後、キリスト教は日本国内において弾圧の対象となり、再び布教が認められるのは、明治を待たなくてはならない。

ここで覚えておいてもらいたいのは、慶長遣欧使節団が出発したのは、まさに禁教令が始まったタイミングであったということだ。

■「奥州王」政宗の評価

最後に政宗についてである。

鎌倉時代以来の御家人で、奥州探題にも任じられた奥州屈指の名門に生まれた政宗が、ライバルの蘆名氏を滅ぼし、奥州の覇権を握ったのが、戦国末期の天正十七年（一五八九年）、政宗二十三歳の時である。そして、いよいよ天下を望まんとしたが、すでに天正十三年（一五八五年）、秀吉が関白に就任しており、天下の帰趨は明らかだった。

「あと十年早く生まれていたら天下がとれた」

と、政宗が悔しがったという逸話も残されているが、政宗は豊臣体制の中の一大名として生きる道を選択せざるをえなかった。

しかし、遅く生まれたということは、長く生きるということでもある。

秀吉による天下統一から二十年以上が経ち、戦国の世を知る大名は少なくなっていた。

そのなかで政宗は、戦国の生き残りとしての重みを増していった。

使節団を派遣した慶長十八年（一六一三年）当時、政宗は四十七歳。家康の七十二歳を別格として、秀忠は三十五歳、後に登場する幕閣の中心人物である土井利勝が四十一歳。家康に天下を獲らせた徳川四天王の酒井忠次、榊原康政、井伊直政、本多忠勝はすべて亡くなっていた。

前出のイエズス会士、カミッロ・コスタンツォが、これもイエズス会総長に宛てた『一六一八年度・日本年報』（松田毅一監訳『十六・七世紀イエズス会日本報告集』第Ⅱ期第2巻所収）は、当時の奥州のようすと政宗について、次のように報告している。

この奥州は、日本にある六十六カ国中で最大の国である。その広さは、他の国々を一緒にまとめても匹敵しないほど広い。この奥州で際立って有力な領主は七人おり、その中の一人は、他の二、三カ国の領主の収入をまとめたよりも多額の収入を得ている。収入は、米俵の数で計られ、現物或は金で国に納められている。丁度、ヨーロッパで、金貨が価値の基準になっているのと同じ方法である。これらの記述から、日本のもっとも東に位置する、この国の広さを想像していただきたい。この奥州にいる七人の有力な領主の中の筆頭は、伊達《ダテ》、或いは、伊達《イダテ》政宗（Idate Masamune）であり、この領主の毎年の収入は、米百二十万俵にも上っている。（以下、引用部分の括弧内は

伊達政宗（東福寺霊源院蔵）

筆者）

戦国の生き残りとしての重みに加えて、広大な領地（それはすなわち戦力でもある）を持つ政宗に対する評価は、「奥州王」と呼ぶにふさわしいものであっただろう。

ちなみに、関ヶ原の戦いで、西軍に属した百万石を超える大大名たちは減封処分を受けたため、六十万石余という政宗の領地は、前田利長、豊臣秀頼、結城秀康、島津家久に次ぐ大きさであった。

以上の基礎知識を頭に入れていただいたら、いよいよ、政宗の野望の中身に入っていこうと思う。

第一章　使節団派遣に至る過程

■ソテロ神父との出会い

慶長遣欧使節の派遣に先立つこと約二年。慶長十六年（一六一一年）十月十九日、政宗は、フランシスコ会の宣教師、フライ・ルイス・ソテロ（「フライ」はフランシスコ会など托鉢修道士会と呼ばれる組織に所属する修道士の敬称）の伊達領内における布教活動を正式に認め、家臣や領民にキリスト教に入信することを許可する布告を発令した。

政宗がキリスト教やキリシタンと関係を持つようになったきっかけは、このソテロとの出会いであった。そして、これから述べる政宗の野望のほとんどは、ソテロからもたらされたアイディアによると言っていい。

両人が知り合った経緯については幾つかの説がある。

一つはイエズス会のジェロニモ・デ・アンジェリス神父が一六一九年（元和五年）十一月三十日付で、イエズス会総長に宛てた書簡にあるもので、そこには、ソテロは後藤寿庵という政宗の家臣を通じて政宗と親交を結んだ、ということが書いてある。

もう一つは、イタリア人の歴史家で、慶長遣欧使節一行とマドリードから共に旅をしたシピオーネ・アマーティが一六一五年（元和元年）に記した『伊達政宗遣欧使節記』（以

ルイス・ソテロ神父

下『遣欧使節記』）の中にある記述である。

そこには、江戸で政宗が特別に寵愛していた〝外国人〟の側室が重病になり、それをソテロの部下のペドロ・デ・ブルギーリョス修道士が治療して快復させたことがきっかけとなって知り合った、ということが記されている。アマーティはソテロから直接この話を聞いているから、信憑性は高い。それにしても、〝外国人〟の側室とは、驚きである。この女性が何人であったかは、残念ながらわかっていない。

本書における最重要人物の一人であるので、ここでソテロの人となりについて紹介しておきたい。

ソテロは、一五七四年（天正二年）九月六日、スペインのセビィリャ市エストゥレマドゥーラの裕福なコンベルソ（ユダヤ教徒からキリスト教徒に改宗した家系）の中でも、もっとも身分の高い家柄に生まれた。父は、二十四参議会議員のドン・ディエゴ・カバジェロ・デ・カブレラ、母は、ドーニャ・カタリーナ・ニーニョ・ソテロ。ソテロは第二子であった。

ソテロは、サラマンカ大学で法学、医学、神学の三学科を学び、在学中にカスティリャのサン・ホセ・デ・カスティリャ管区にあるフランシスコ会の修道院に入会し、一五九四年（文禄三年）五月、司祭に叙階された。

ソテロは、父方のカバジェロ一族がコンベルソであることから、セビィリャでの少年時代やサラマンカ大学時代、周囲の人たちから、特別な目で見られたりしたようだ。ソテロは、そのことを非常に不名誉に思い、父方ではなく、母方の姓を名乗った。

慶長八年（一六〇三年）六月、ソテロは、フランシスコ会の日本宣教団の一員として来日した。来日当初は、畿内地方を中心に宣教活動を行っていたが、その後、江戸を中心に教会、修道院、ハンセン病院などの施設を建てた。ソテロの日本語の「読み、書き、話す」の能力はずば抜けていたようであり、後に政宗がローマ教皇やセビィリャ市に宛てた難解な字体の日本語書状を一字一句正確にラテン語やスペイン語に翻訳している。

ソテロの人物像に関しては、賛否両論ある。学識に富み、謙虚な性格で思慮深く、優れた修道者とするものと、野心あふれる策略家とするものだ。

一六二五年にフランシスコ会のディエゴ・デ・サン・フランシスコは、次のように回想している（トマス・オイテンブルク著、石井健吾訳『十六〜十七世紀の日本におけるフランシスコ会士たち』）。

ソテロなる人物は、この宣教活動へと神が召された人々の中で、もっともすぐれた修道者であった。彼は学識に富み、謙虚で、祈りと苦行の人であり、清貧を友とし、われらの聖なる会則の完全な遵守において、神の栄光のための熱意に溢れる完全な修道者であった。彼と寝食を共にした者は、彼が特別なものは何一つ自らに許さず、裸足の兄弟たち（修道士）の厳しい規範に従って、食物と衣服に関しては身を固く持していたことを知っていた。また一方、この同じ人物は、宣教事業の発展と、貧しい人々への援助と、聖堂の建設や神の国の発展のためならば、施与を乞うにあたっていかなる労苦をもいとわなかった。ところが、この活躍のゆえに、ある人々は、この聖なる人の働きを評価しないばかりか、彼がその働きによっていかに神をお喜ばせしたかも考えず、ただ苛酷なまでに彼を裁いた。

メキシコ副王、グアダルカサール侯がスペイン国王に宛てた、一六一四年五月二十二日付書簡では、

その（ソテロ）修道士は少し分別（良識）に欠けた人物ですが、必要と思われる多

くの事柄に対しては努力しました。

と評されている。

また、セビィリャのアルカサール宮殿でソテロと面談したことのある、通商院（スペイン本国と植民地の貿易を統制した機関。植民地経営の全般を統括したインディアス顧問会議と並ぶ、スペインの植民地経営の最重要機関）のフランシスコ・デ・ウアルテ院長は、一六一四年十一月四日付インディアス顧問会議のサリナス侯宛て書簡でソテロの印象について、次のように報告している。

（ソテロは）日本に長年滞在し過ぎたのか、正しい熱意や警戒心の不足なのか、或は何か誤った考えに基づく野心のために変身したというのであれば話は別であるが、常に立派な修道者であり思慮深い方であるとみなされてきました。

これらは、ソテロの悪評を承知の上で、彼の聖職者としての見識や思慮深さを高く評価している。

■フランシスコ会とイエズス会の確執

一方で、かなり手厳しい評価もある。前出のアンジェリス書簡では、

この大使（支倉）がエスパニア（スペイン）及びローマへ派遣された理由は、すべてフライ・ルイス・ソテロの策略によるものでした。彼（ソテロ）は日本（駐在）の司教たちがポルトガル経由でやって来ること（イエズス会士であること）が我慢できなかったために、日本の司教になることを切望しておりました。（中略）政宗にとって、教皇と国王に大使を派遣するということは想像もしなかったことであり、明らかにソテロ師が扇動したことによるものでした。フライ・ルイス・ソテロはこの策略を用いて日本における司教座とその地位（ミトラ）を獲得しようと試みたのであります。実際に（ソテロが）教皇と国王宛に書いた書簡の中で、政宗に書かせた文言から明確に察せられます。

と、ソテロが日本の司教になることに強い野心を持っていたと厳しく批判している。

この正反対の評価の背景には、ソテロが属したフランシスコ会と、アンジェリスが属したイエズス会の確執がある。当時、スペイン国王保護権下のフランシスコ会とポルトガル国王保護権下のイエズス会とは対立抗争を続けていた。さらに、スペイン出身のソテロとイタリアのシチリア出身のアンジェリスの間には、民族的な対立感情もあった。当時、ソテロとアンジェリスが交わした通信文の中でも、お互いについて激しい批判が続いていた。両人とも協力の欠如について相手を非難した。

ヴァティカン機密文書館に所蔵されている、ソテロが畿内のキリシタンで組織した「勢数多講（せすたこう＝信心会）」の信者がローマ教皇パウルス五世に宛てた『畿内キリシタン連署状』の中には、イエズス会について、こういう記述もある。

若《も》し商売を実施している人たち（イエズス会士たち）が自分自身と教会を支えることが出来るために、その人たちを商売から手を引かせることが出来ないのであれば、少なくともキリスト教徒たちの最高権力者と統治者は、そのような人たちから遠ざけられるようにされるべきです。若しその商売が原因となって騒動と迫害が起きたら、それらは当事者のみに留められて、キリスト教徒たちと諸教会の害にならないようにすることです。

これは、ソテロの考えと指示に従って、書かれたと考えられる。

ただし、実際、特に西日本において、イエズス会の宣教師たちは、ポルトガルの貿易商と組んで商売を行って莫大な利益を上げて蓄財し、政治的な事柄にも関わっていた。

ソテロの最期は、禁教令が徹底した後の日本に布教のため密入国し、捕えられて寛永元年（一六二四年）に火あぶりの刑になるという殉教だった。手腕や弁舌があまりに優れていたことから、毀誉褒貶はあったが、聖職者としてソテロを評価すべきであろうと私は考えている。

■「商教一致」を受容

話を戻すと、政宗がソテロと親交を結ぶようになったのは、慶長十五年（一六一〇年）十月に米沢で政宗がソテロを引見してからである。

そして、翌慶長十六年十月四日にソテロは仙台を訪れ、青葉城で政宗にキリスト教の教えについて初めて説教をしている。同時にソテロは、メキシコへの使節派遣のためのナベッタ船（小型船）の建造を政宗に献策している。

前出のイエズス会のアンジェリス書簡には、

（ソテロは）やがて政宗にノヴァ・エスパニア（メキシコ）だけに行くためのナベッタ船一隻を建造することが大変時宜を得たことであると言って、（それによって得られる）利得に関する途方もない期待を彼に抱かせました。

とあり、ソテロはまず、メキシコとの直接交易による利益を政宗に説いたことは事実であろう。

ソテロの説教から約一カ月後の慶長十六年十一月十日、政宗は仙台の青葉城で、メキシコ副王の答礼大使セバスティアン・ビスカイノ司令官を迎え、ソテロの通訳によってメキシコと仙台藩との間で通商交易を開始するための協定案の内容などについて話し合っている。

ビスカイノとは何者か。

二年前の慶長十四年（一六〇九年）、フィリピン前臨時総督のドン・ロドリゴ・ビベロが、メキシコに帰任する際、暴風雨に遭い難破、上総国岩和田村（現・千葉県御宿町）で救助される事件があった。そのお礼のために、フィリピンを管轄するメキシコ副王から日本へ派遣されたのが、探検家のビスカイノであった。当時のスペイン、メキシコ、フィリピンの関係は、メキシコはスペインの植民地でメキシコ副王がそのトップ、フィリピンはメキシコの管轄下で、フィリピン総督はメキシコ副王の下にあった。

家康は、メキシコとの通商交易はもとより、当時、メキシコの鉱山でも採用されていた新しい銀鉱石の精錬法（水銀アマルガム法）にも興味を示し、日本への導入を願っていた。家康はビベロに対しても、銀の精錬技術者五十人を日本に派遣してほしいと要請していた。そこで、ビスカイノとも交渉したが、通商交易のみを求める幕府と、キリスト教の布教を条件とするメキシコとの間の溝は埋まらず、具体的な成果は得られなかった。

当時、スペインの基本政策は「商教一致主義」で、通商交易とキリスト教の布教は一体化されていた。

一方の政宗はソテロの献策を積極的に採用し、メキシコと伊達藩との通商交易に乗り出そうとした。この時、ソテロは当然、「商教一致主義」を受け入れるように勧告したはずである。政宗はこれに応える形でキリスト教を受容したのであろう。それが、布教活動を正式に認め、家臣や領民にキリスト教に入信することを許可する布告となったと考えられる。青葉城の大広間にキリシタン宣教の自由を掲示し、キリシタン保護の姿勢を明確に示したのである。

以後、伊達領内のキリシタン人口は、急速に増大してゆく。

■後藤寿庵を召し抱える

領内のキリシタンの増加に対応するために、政宗はキリシタンのまとめ役（世話役）として、キリシタンの浪人・後藤寿庵を召し抱えた。

京都の商人・田中勝介の推挙であったという。勝介は、前出の前フィリピン臨時総督、ビベロがメキシコに帰国する際、同行し、現地で洗礼を受けキリシタンとなり、慶長十六年（一六一一年）の六月にビスカイノを連れて日本に帰ってきた。

寿庵の家柄、生年月日、生い立ちについて正確なことはわからない。『奥羽切支丹史』（菅野義之助著、及川大渓補訂）は、「平姓葛西之後裔五島氏改後藤之家譜」をひいて、陸中東磐井郡（現在の一関市の一部）の藤沢城主、岩淵近江守秀信の三男、幼名を又五郎としている。天正十八年（一五九〇年）、家督を継いでいた兄、信時が主家である葛西氏とともに豊臣秀吉によって滅ぼされ、又五郎も各地を放浪するはめになり、この時期、京、大坂を訪れた際に、キリシタンになっていたものらしい。やがて長崎に至るが、そこで秀吉のキリシタン弾圧に遭い、五島列島の宇久島に逃れ同地で洗礼を受け、霊名をジュアン（寿庵）と称したという。政宗は、この岩淵寿庵を伊達藩家臣で石筵の領主、後藤信康の義弟として臣下の列に加え、後藤の姓と胆沢郡福原（現在の岩手県奥州市水沢区、胆沢区）に千二百石の領地を与えたとある。ここで、流入したキリシタンの世話をさせたのである。都鳥村、南下葉場村、塩竈村、見分村などからなる領地のなかで、寿庵は見分村を在所と定めた。

キリシタン集落が出来たばかりの慶長十六年頃は、キリシタンの数は二百人前後だった。それが、徐々に増え、仙台藩のキリシタンの中心地となって、天主堂も建てられた。現在の奥州市水沢区にある毘沙門堂は、その跡であるという。また、同地に残る黒州婆の地名は、教会墓地の跡で、クルス場の転訛とされる。教会墓地には、大きな十字架が建てられたので、こう呼ばれた。

■一致した家康・政宗の思惑

「商教一致主義」というスペインの国是のため、メキシコとの通商交易のお鉢は、いったんは幕府から仙台藩へと回ってきた形となった。

しかし、幕府もスペインとの通商交易を諦めたわけではない。徳川幕府といえば、「鎖国」のイメージが強いが、家康は大胆に開国政策を推進し、ヨーロッパとの通商交易に力を入れていた。「商教一致主義」を採らないプロテスタント国であるオランダとは慶長十四年（一六〇九年）に、英国とは慶長十八年（一六一三年）に通商交易を開始している。問題は「商教一致主義」だけで、当時、世界の覇者であったスペイン（及びその植民地であるメキシコ）との通商交易は、家康の強く望むところであった。

そこで、家康と政宗の思惑が一致した。政宗の使節団に幕府の使節も相乗りさせて、メキシコで通商交易についての交渉をさせようというものだ。

ここに、幕府・伊達藩合同の「訪墨（メキシコ）通商使節団」派遣が決まる。あくまで目的地はメキシコのみである。

ここまで、少なくとも表向きは、通商交易を主軸に物語は展開してきた。しかし、ある事件から、政宗の計画は通商交易から幕府転覆へと舵を切ることになる。それについては、第二章で述べることにしよう。

第二章　幕府転覆計画への転換

■使節船の建造

幕府・仙台藩合同の「訪墨通商使節団」の派遣が決まり、幕府は、政宗に朱印状を発行し、船手奉行・向井将監忠勝と相談させ、船大工を派遣して五百トンの使節船「サン・ファン・バウティスタ号」の建造を許した。当時、幕府は五百石積以上の船の建造は禁止していた。ここでは、特例として建造を許可したのである。

政宗のひ孫にあたる伊達綱村が始め、幕末まで継続的に編纂された伊達藩の正史とも言える『伊達治家記録』の政宗の項である『貞山公治家記録（巻之二十三）』によると、慶長十八年（一六一三年）三月十日付で、

是ハ　公（政宗）、南蛮国（ノビスパニア）へ船ヲ渡サルヘキ由、内々（向井）将監殿ト御談合アリ。因テ其御用意ノタメ船ヲ造ラシメラル。

とある。

使節船の建造について、『伊達治家記録』などを基に書かれた大正時代の歴史書『東藩

史稿（巻之十八）』（作並清亮編）には、

十八年公幕府ニ請ヒ、其船匠十名ヲ仮《か》リ、仙台領牡鹿郡、月ノ浦ニテ船ヲ造ラシム、工匠八百人、鍛冶六百人、雑役夫三千人、公モ臨監シテ、四十五日間ニテ成レリ

と、使節船の建造地が船の出航地の月浦であることが明記されている。『遣欧使節記』にも、使節船の建造に携わった人数の記述がある。鍛冶の数には百人の違いがあるが、他は符合している。

当時、まだ日本では、五百トン級の大型船を造る技術や太平洋を横断する航海技術がなかった。必要な船の建造と航海技術の手助けを得るために、政宗はビスカイノとの間で九カ条から成る契約を締結した。

こうした経緯について古記録には、次のように記されている。

政宗（ビスカイノの事情を）聞き入れて人を遣わし、自ら船を造らんと欲し、既に木材を伐採せしめたれば、（ビスカイノ）司令官および船員を此船にて渡航すべく、

委細は家臣一人彼に代りて商議して政宗の家臣と契約を結びおり。

政宗とビスカイノが契約を結んだ後、ビスカイノと部下の造船技術者シモン・デ・カルモナと、エステバン・ロドリゲスが中心となって、幕府の造船奉行・秋保刑部頼重と河東田縫殿親顕、船大工与十郎、水手頭鹿之助、城之助などの助力を得て建造に着手したのである。

■通商交易から幕府転覆へ

メキシコとの通商交易交渉が目的で、幕府と合同で始まった使節団派遣構想が、どこから幕府転覆計画へと変化したのか。

その背景には、慶長十七年（一六一二年）の幕府の禁教令による江戸のキリシタン迫害がある。

慶長十八年（一六一三年）に入って、幕府の弾圧は厳しさを増し、ソテロ以下、フランシスコ会士たちも、江戸の中心にあった修道院から追放され、場末の浅草へ移った。

後に紹介する『畿内キリシタン連署状』によると、慶長十八年六月四日、江戸で大掛かりなキリシタン狩りが行われ、三千人以上の信徒が棄教させられた。この時、ソテロが主宰する「勢数多講」に所属していた二十八人のキリシタン指導者が、棄教を拒んで斬首刑に処せられたという。

今年になって新たな迫害が、現在の皇帝（家康）の嫡子である偉大な将軍様（秀忠）の命令で引き起こされました。その迫害で私たちの中の他の二十八人と前述の神父（ルイス・ソテロ）の信奉者と子どもたち（信徒たち）が殉教による栄冠を授けられました。

そして、ソテロも捕縛され火あぶりの刑を受けることとなった。幕府は、彼らの布教を罪悪とし、ソテロがそれまでハンセン病患者の救済事業など慈善事業を行なってきたことなどは、一切評価しなかった。

これを知った政宗は、困り果てたが、幕府と合同の使節団派遣計画を使って、ソテロを救うことができることに気がついた。政宗は、将軍秀忠の許に飛脚を送り、三月以来すでに幕府の了承を得て目下準備中の「訪墨通商使節団」に、ソテロは案内者として、また助言者として、余人を以て代え難き人物なので、釈放して欲しいと陳情した。それが認められ、ソテロは無事に釈放されたのである。

自らも殉教寸前という経験をしたソテロは、強い衝撃を受け、徳川政権下でキリスト教の布教活動を行うことに、絶望感を抱いたであろう。親しい関係にある政宗を使って徳川政権を倒すしかないと、ソテロが考えたと推測して間違いないと私は考える。

ソテロは慶長十八年八月十一日、上方から噂を聞いて駆け付けて来た、イグナシオ・デ・ヘスス神父、さらに、江戸でソテロと一緒にいたブェナベンツーラ・ディエゴ・イバニェス神父と共に、江戸を発ち同八月十七日仙台へ赴いた。三人のフランシスコ会士は、使節団が出帆するまでの約一カ月間、仙台に滞在し、政宗や畿内地方のキリシタン代表者らと面談した。ここで、大きな方針転換があったはずである。

■渡航先の変更

前述のアンジェリス書簡によると、使節船の艤装が終わりにさしかかり、政宗が渡航計画を中止することが出来なくなった時点で、ソテロは政宗側近の後藤寿庵を介して、メキシコだけという当初の渡航計画を変更し、極秘にローマ教皇とスペイン国王のもとにも使節団を派遣すべきであると政宗に進言し、政宗はこれを承諾した。

メキシコまでという船の行先を突然、ヨーロッパまでに変更した理由について、アンジェリスは、ソテロが後藤に、「ナベッタ船が商品の売却のために好ましい結果が得られるように」と説明したと書いている。

これは、どうもよくわからない。持参した商品をメキシコで売却するのに、わざわざローマ教皇やスペイン国王にまで会って、豪華な進物を渡す必要があるのだろうか（ソテロは必要があると主張したようだ）。メキシコ副王だけで十分ではないか。

政宗が「訪墨通商使節団」を「訪欧使節団」とし、使節をローマ教皇とスペイン国王のもとに派遣することを決めると、重臣たちは猛反対した。重臣たちは政宗に、思い止まるよう説得したが、政宗に押し切られる形となった。このようすについて、『遣欧使節記』は次のように記している。

王（政宗）の側近（重臣）たちは、（政宗が）自らの親書と多数の衣類と人を搭載した船を信頼し、誰かもわからない一人の神父に託して、本当に会えるかどうかも分からない（スペイン）国王や（ローマ）教皇のもとに派遣することを、思い止まらせよよ

う と言上した。王は、天の神のことを良くわきまえて現世の事柄に関心を持たない人（ソテロ）が、王を欺いたり、嘘を言ったりするはずがないと答えた。

重臣たちも、ソテロの説明では納得できなかったのだ。

しかし政宗は、ソテロにすべてを任せた。その裏には、ソテロが後藤寿庵に説明した以外の理由があったと考えるのは、自然であろう。

■大使に支倉常長を選ぶ

政宗は、メキシコとヨーロッパの両方へ使節を派遣することを決めた後で、ソテロや後藤寿庵らと、派遣する大使と随行員の人選について協議した。

ただし、そもそもメキシコへの使節団派遣は、幕府との合同計画であった。主体は伊達藩であるとはいえ、使節船には、幕府の人間も乗り込んでくる。そんな中、彼らの目をくらましつつ、困難な使命を果すには、どういう人物がよいのか。もし、途中で計画がばれでもしたら、すべて終わりである。伊達藩は改易、政宗はよくて追放、悪ければ切腹である。

政宗という人間は大胆な戦国大名の代表のイメージがあるが、実際は、じつに細心で慎重な男であった。かつて秀吉の奥州仕置きの後、葛西大崎一揆と呼ばれる反乱が起きた。蒲生氏郷とともにその鎮定にあたった政宗だが、後から、じつはこの一揆を扇動したのは政宗であるという疑惑が持ち上がった。一揆の首謀者に対する政宗の書状が発見されたのである。この時、政宗は、その書状は自分を陥れるために偽造されたものだと申し開きをした。政宗の花押は鶺鴒《せきれい》の形をしている。その目の部分に針でついた穴があるかどうか確かめて貰いたいと政宗は言う。自分は偽造を防ぐため、いつも、ぱっと見にはわからないほどの小さな穴を開けているのだと。そこで確かめてみると、穴はない。政宗の他の書状を見ると、確かに小さな穴がある。これで政宗は嫌疑を免れたという。

この逸話がどこまで本当かはわからないが、大胆な一方でこういう小細工をする男であるということは、広く知られていたのであろう。もちろん政宗は、一揆が失敗に終ったときのことまで考えて、この時は穴を開けなかったという話である。

使節の大使に伊達家一門や家老級の家臣、あるいはキリシタンを選んだ場合、順調に目的が果たせれば何の問題もなく、むしろ好都合であるが、失敗した場合には幕府に対して申し開きができない。身分の低い家臣であれば、末輩が勝手にしでかしたことにして、腹でも切らせればそれで済む。実際、政宗の計画は、似た経過をたどることになる。支倉が大使に選ばれた経緯について、アンジェリスは後藤寿庵からの情報として、ローマのイエズス会本部へ次のように報告している（一六一九年〈元和五年〉十一月三十日付）。

（政宗が）大使に任命したのはあまり重要でない家臣であった。彼の父はある窃盗の罪で数カ月前に斬首（日本側史料では切腹）に処されていたが、彼（政宗）が今大使に命じたこの者の息子もまた、日本の習慣に従って斬首（日本側史料では追放）に処する予定でありました。そして彼が所有していた僅かな俸禄（知行）をすでに彼から召し上げていました。そこで、政宗は彼の死をエスパニア（スペイン）とローマまでの道中に遭遇する苦難に替えるほうが良かろうと判断しました。（当人は）航海の途中で死ぬことになるだろうと考えて、彼を大使に選びました。そして、少し前に彼から召し上げた僅かな俸禄を彼に返還しました。このため、フライ・ルイス・ソテロが同伴した大使は、フライ・ルイス・ソテロがローマに入るまでエスパニアやイタリア中にそして教皇の御前で吹聴していたような甚だ高名な人物でもなければ、政宗の親戚でもありません。

支倉常長（国会図書館蔵）

この文書の内容を精査すると、まず支倉の実父・飛騨常成の切腹と、支倉自身の追放については、奉行の茂庭石見綱元に命じた伊達政宗の自筆書状で、その正しさが証明されている。

次に、「あまり高名な人物ではなく」、「(ソテロが)教皇の御前で宣伝したような、政宗の親戚でもない」と記されているように、支倉は仙台藩で家格が百七十番目の六百石取りの中堅の武士であった。

アンジェリスがこの手紙を書いたのは、支倉らがローマ教皇に拝謁した後のことだ。アンジェリスは、ローマのイエズス会本部からの書簡で、ソテロがスペインやイタリアで支倉が政宗の親戚であるとか、身分の高い人物であるなどと、かなり誇張して紹介したことを知り、支倉の身分を正しく報せたのである。

たしかに、ヴァティカン機密文書館に所蔵されている「ローマ教皇パウルス五世宛伊達政宗書状(親書)」の日本語原文には、

我等家之侍一人、支倉六右衛門尉と申者を同使者として渡申候

と書かれてあるが、ソテロが翻訳した同ラテン語原文の日本語訳では、

私の家中の支倉六右衛門と申す一人の身分の高い武士が同行するはずです

と、支倉の身分をかなり誇張して訳している。このあたりが、ソテロの評判を落とす原因になっているのだろう。

■支倉常長の人となり

支倉六右衛門常長は、元亀二年（一五七一年）に米沢城主・伊達輝宗の家臣・山口飛驒常成の子として生まれ、天正五年（一五七七年）に伯父・支倉紀伊時正の養子となった。慶長元年（一五九六年）、義父・時正に二子・助次郎が誕生したため伊達政宗の命により、家禄千二百石のうち柴田郡支倉村で六百石を分与され分家した。慶長五年（一六〇〇年）、南部藩で九戸政実の反乱が起きると、伊達藩士・白石七郎とともに敵方の領地に送り込まれ、街道筋の情報収集を命じられている。

支倉は、分家を立てた前後に松尾木工の娘と結婚し、二男一女をもうけた。慶長遣欧使節の七年間に及ぶ旅の道中、病に冒され、帰国して二年後の元和八年（一六二二年）七月一日に病死した。享年五十二。

長男・常頼は後にキリシタンの擁護者となり、それが理由で、寛永十七年（一六四〇年）、切腹を命じられた。常頼の弟・常道は、キリスト教の信仰を捨てず、逃亡して行方をくらました。これで支倉家はいったん断絶するが、常頼の子・常信が、寛文八年（一六六八年）六月、支倉家を再興した。

支倉の人物評価に関する海外記録を見ると、メキシコ副王グアダルカサール侯の報告に基づいて、インディアス顧問会議の議員がまとめたスペイン国王フェリッペ三世に宛てた上奏文の中で、

大使（支倉）は重責を担う人物であり、その交渉に能力があり、非常に信頼されております。そのため（彼に随行してきた）修道士たちは陛下が彼に対して栄誉と恩恵を与えられるべきであると言っていました。

と高く評価されている。

一方、前出の通商院のウアルテ院長は、インディアス顧問会議に提出した報告書で、

ソテロ神父の通訳で私と大変長い時間過ごしました。彼（支倉）は日本風の立派な身なりを整え、毛織物を着て、絹の羽織物を着ていました。私には（支倉は）尊敬に値し、沈着で智慮があり、談話巧みで、控えめな人物であると思えました。

と、これも高く評価している。また、スペイン国王フェリッペ三世も、スペインのローマ駐在大使フランシスコ・カストロ伯に宛てた書簡で、支倉と直接会った印象を、

大使（支倉）は誠実で尊敬できる人物であり、人柄も称賛を受けるに値し、当地で上手く自己管理（自制）をしていました。

と絶賛している。こうした複数の人物評価から、支倉は非常に有能な人物であり、国際的に十分通用する外交能力と人格を有していたことがわかる。

とはいえ、とんでもない密命を受けた支倉の旅の苦労は、尋常なものではなかった。第三章以降では、その旅のようすを述べたい。

第三章　メキシコでの使節一行

■出帆

慶長十八年（一六一三年）九月十五日、伊達藩と幕府が合同で企画した「訪墨通商使節団」が、月浦港（現在の宮城県石巻市）から、使節船「サン・ファン・バウティスタ号」に乗船して出帆した。

使節船の目的地について、『貞山公治家記録』には、

此日南蛮国へ渡サル黒船、牡鹿郡月浦ヨリ発ス

とある。ここでも、船の向かう先は、「南蛮国」（メキシコ）と、本当の目的地は隠蔽されている。なお、当時はヨーロッパを「奥南蛮」、外洋船を「黒船」と呼んでいた。

『貞山公治家記録』による「訪墨通商使節団」の公式随員は、首席大使のソテロのほか、随員として、今泉令史、松木忠作、支倉六右衛門、西九助、田中太郎右衛門、内藤半十郎、その他、九右衛門、内蔵丞など、伊達藩士が十二人、幕府の船奉行・向井将監忠勝の家臣が、十人であった。

しかし、ローマ教皇庁が作成した使節団の『使節一行のローマ入市式報告書』の「訪欧使節団」日本人随行員名簿には、支倉を筆頭に、佐藤内蔵丞、丹野久次、山口勘十郎、佐藤太郎左衛門、菅野弥次右衛門、小寺池（または小平）外記のほか、日本のキリシタン代表者の瀧野嘉兵衛、伊丹宋味、野間半兵衛など、総勢二十九名のうち支倉を含めて十六名の名前があった。

伊達藩は、支倉以外の「訪欧使節団」のメンバーを記録から消し去ったようである。

ともあれ、使節一行は日本の月浦港を出帆して、約九十日間の太平洋航海の後、一六一四年（慶長十九年）一月下旬、最初の目的地アカプルコ港に到着した。「訪墨通商使節団」一行は、このアカプルコ港で、メキシコ副王グアダルカサール侯の入国許可を得るため、一カ月余滞在した。

この待機期間中に、商品取引を巡って、使節団に同行した日本人商人と現地住民との間で武力衝突が起きている。これに対し、副王は、懸念と不安を抱いた。以前、マニラの聴訴院（植民地における立法・司法・行政を行なった王室の機関）から、「日本人は傲慢で、凶暴な性格の持ち主である」という報告を受けていたからである。

そこで副王は、一六一四年三月四日付で、日本人の滞在条件として、支倉とその随行員六名、および日本のキリスト教界の代表者三名を除いて、全員から武器（大小両刀、槍など）を取り上げよと命じ、さらに三月五日付で、メキシコの軍事裁判長アントニオ・デ・モルガ博士宛てに長文の命令書を送って、お互いに暴力沙汰や悪質な行為を避けるように警告し、それに反したらスペイン人であれ日本人であれ罰金五百万ペソの支払いや、国王所有のガレラ船での四年間の重労働を科すなどと、法的に裁くことを申し渡したのである。

■メキシコでの粗末な待遇と集団受洗

『遣欧使節記』には、「訪墨通商使節団」はメキシコで、日本の皇帝（将軍）が派遣した使節として格式の高い歓迎を受け、もてなしを受けたと記述されている。しかしながら、一行は儀礼的な歓迎は受けたものの、どちらかといえば厄介者として扱われたのが事実である。

あまりに粗末な対応を受けたため、支倉が、日本に帰る、と言いだした一幕もあった。セビィリャの通商院のウアルテ院長が支倉とソテロに事情聴取をして、マドリードのインディアス顧問会議に提出した報告書には、次のように記されている。

この大使（支倉）がメキシコから（日本へ）戻ってしまおうということになったのは、大使とその随行員がアカプルコで粗末な待遇を受けたからであると分かった。彼らの船（サン・ファン・バウティスタ号）を（アカプルコ港に）停留させ、維持費と修理費として五万ペソを、旅費として持参していたうちから置いていくように強要されたのである。それらは使節の役目を務めるにおいて彼（支倉）に降りかかった最大の支障であった。それですべてを報告するために（日本へ）戻ろうとした。

太平洋を航海中に何度か暴風雨などに遭い、使節船「サン・ファン・バウティスタ号」はかなり破損したのであろう。その修繕費を支払うのは当然のことである。しかし、足元を見られ、メキシコ側から法外な金額の支払いを強制された。そのため支倉は憤慨して抗議したのである。かなり激しく揉めたようであるが、この時は、副王や大司教などの支援を受け、何とか解決したようだ。

使節一行がメキシコで歓迎されなかったようすについてアンジェリスは一六一七年（元和三年）十一月二十八日付でローマの本部に送った書簡で、

当地（伊達領内）で聞いたところによると、無事にヌエバ・エスパニアに渡った政宗の船はさほど大きなシアワセ（xiauaxe／仕合せ）を得なかったとのことである。

と報告している。

アンジェリスはこうした情報を、支倉に先立って帰国した使節団の伊達藩士か、後藤寿庵から聞いたようである。寿庵は、メキシコの支倉が政宗に出した書状の内容を、政宗から聞いて知っていたと思われる。政宗の期待を担って船出した一行の先行きには、早くも暗雲がたちこめはじめていた。

また、メキシコ市では、使節団の日本人の随行員一行が集団で洗礼を受けている。『遣欧使節記』には、この集団受洗について、

大使の随員のうち七十八名が聖なる洗礼を受けたい望みを増し、集団でサン・フランシスコ教会において荘厳の儀式をもって受洗した。

と記されている。しかし、これはアマーティが話を盛るクセのあるソテロから聞いたこ

とであるから、割り引いて考える必要がある。

ここに、アステカ王国の貴族の血を引く、ドミンゴ・フランシスコ・デ・アントン・ムニョン・チマルパインが、先住民族の言葉であるナウアトル語で書いた『チマルパインの日記』がある。そこには、一六一四年（慶長十九年）四月九日の二十名の受洗式、および同年四月二十日の二十二名の受洗式のほか、四月二十五日の六十四名の堅信式のようすが記録されている。チマルパインは、三回に分けて行われた集団受洗・集団堅信のようすを直接目撃して記録しているので、ソテロからの伝聞で書いたアマーティより信憑性がある。

これによると、日本人随行員が、日本では禁教令が出ているのを知りながら受洗したのは、信仰心からというよりは、一五四二年に発布されたメキシコの「インディアス法（新大陸法）」に従ったからであった。当時、メキシコでは、「（カトリック教の）信仰は、能力を制限する原則の一つであり、（カトリック教以外の）異端の信仰を有する者は、法的能力を有せず、栄誉および財産を略奪される」という規制があった。そのため、キリスト教徒でなかった大半の日本人随行員は、この不利な条件を取り除くため、自らの意思に反してでも、カトリック教徒にならざるを得なかったのである。

ちなみに、筆者はメキシコ国立自治大学（ＵＮＡＭ）留学時代、サン・フランシスコ教会における日本人の集団受洗が記録されているはずの洗礼台帳を五年間探し求めた。その結果、サン・フランシスコ教会のすべての洗礼台帳が、一九一〇年代のメキシコ革命期に、教区教会のサンタ・ベラクルス教会に移管されて、現存していることを突き止めた。しかしながら、日本人が集団受洗したとされる一六一四年四月の洗礼台帳には、日本人が受洗した記録は見当たらなかった。なんとも不可解なことである。

■メキシコ副王へ提示した「申合条々（案）」

ともあれ、メキシコ市に到着した「訪墨通商使節団」一行は、副王政庁でグアダルカサール侯に謁見した。その時、一行は政宗の書状と進物、および、家康から副王への具足と屛風などの進物を手渡した。また、先年、家康からメキシコ副王に送った書状への返書を早くもらいたいという、幕府から託されたメッセージを伝えた。

政宗の書状の内容を要約して現代語訳すると、

伴天連、布羅以・類子・曾天呂を使者（大使）とし、三名の侍を同伴させる。そのうち二名はメキシコから（スペイン本国およびローマへは渡海させず）帰朝するよう、

メキシコ副王マルケス・デ・グアダルカサール侯

他の一人は、奥国（ヨーロッパ）まで赴くように申し付けてあるので、よろしく取り計らわれたい。曾天呂が日本へ帰国するまでには長い期間を要することであるから、貴国（メキシコ）に居住するさんふらんしすこ派の伴天連を領国（仙台藩）へ派遣されたく、新しい船を建造して渡海させられたい。その上は寺家（教会）を建てさせ歓待する。

となる。この書状で政宗が伝えている三名の侍とは、「訪墨通商使節団」の主力メンバーの今泉令史、松木忠作、支倉六右衛門である。このうち今泉と松木は帰国させ、支倉だけヨーロッパへ赴くように申し付けたということだ。

さらに、支倉は、伊達藩とスペインとの間の八カ条から成る、「申合条々（案）」（スペイン側では「平和条約」と訳している）締結をメキシコ副王に申し出た。

この案文は、使節船が出帆するわずか十一日前、慶長十八年（一六一三年）九月四日に作成されたものである。その内容は、

一、伊達領内への宣教師の派遣要請

二、通商交易の開始の要請

三、四、通商交易における海運上の事故などがあった場合の対応の取り決め
五、スペインが伊達領内で船舶を建造する場合の対応の取り決め
六、スペインが伊達領内で商売をする場合の免税
七、伊達領内に滞在するスペイン人に対しての治外法権の保証
八、スペインと対立するイギリス人、オランダ人などの追放
である。

これだけを読むと、幕末、幕府が列強と結んだ「修好通商条約」とよく似ている。つまり、「申合条々（案）」とは、慶長の日西友好通商条約なのである。

これは伊達藩にとっては、かなりぎりぎりの内容である。たとえば、第五条の、伊達藩内におけるスペインによる船の建造は、幕府は絶対に許すところではない。また、第七条にしても、仙台藩がスペイン人に対して治外法権を認めるということは、仙台藩が独立国であることであり、これも幕府が認めるはずがなかった。

最後の第八条では、スペイン国王と敵対関係にあるイギリス人、オランダ人を領内から追放することを約束しているが、実際にメキシコ副王に提出されたスペイン語の翻訳では、かなり厳しい文面になっている。

すべて彼ら（イギリス人とオランダ人）に裁きを下す。そして彼らに死刑を命じるでしょう。

ちなみに、前出のビベロやビスカイノも、家康にイギリス人追放を強く求めたが、家康は拒否していた。

■すべては通商交易のため

繰り返すが、この「訪墨通商使節団」は幕府との合同企画であった。使節団からメキシコ副王に提出された、使節派遣の経緯、および渡航目的等などを記述した覚書にも、

このナオ船（小型船）と使節は皇帝（家康）とその息子の王子（秀忠）の承認と許可を得て来たものであります。

と、明記されていた。前出の『チマルパインの日記』にも、

（訪墨通商使節団は）偉大な日本の皇帝（将軍）が派遣した使節団であり、格式の高い歓迎を受けた。

と記録されている。

それにも関わらず、政宗の「申合条々（案）」は、幕府の禁制をかなり無視している。だが、政宗の思惑通り、この提案はメキシコ副王の歓心をかった。副王が、国王およびインディアス顧問会議議長宛てに送った覚書では、政宗の使節派遣の目的が、宣教師を日本へ連れて行くことであるとして、次のように述べている。

この王（政宗）は、我らの聖なる信仰の事について聞いて、それによって真実の道が霊魂の永遠の救済だけでなく、良い統治と諸領国と諸王の平和と永続のためにあることを理解し、我々の聖なる信仰が彼の領国全域に説かれて、すべての者（領民）がキリスト教徒になることを望んで船を造り、権威ある威厳のある人物をもって使節を派遣することを決意しました。彼はこの目的のために多額の経費を費やし、修道士やキリスト教徒だけでなく、彼の地に行ったすべてのスペイン人を好意的に受け入れてもてなしていることは明白であり、よく知られていることです。（中略）彼の使節が国王陛下に判断を求めていることは、彼の領国がローマから非常に遠く離れていることから、彼らの船がそこに直航することができないため、聖フランシスコ会の修道士たちをヌエバ・エスパニアまで連れてきて頂きたいという要請です。

つまり、副王は、政宗が、メキシコとの通商交易開始のための暗黙の了解ともいえる「商教一致主義」を十分にクリアしている点を強調したのである。

メキシコ訪問を終え、伊達藩の一部と幕府の随行員が帰国に備える中、支倉一行はひっそりとスペイン、そしてローマに向けて出発する。ここからは伊達藩単独の秘密外交が始まる。スペイン、そしてローマを舞台とした物語は、第四章以降で述べる。

第四章　スペインでの躓き

■スペイン本国に向けて出帆

一六一四年（慶長十九年）五月、支倉常長をはじめとする総勢二十九名の日本人で編成された「訪欧使節団」は、帰国する幕府側の一行と別れ、スペイン、そしてローマを目指して、メキシコ市を出発した。伊達藩単独の秘密外交の開始だった。

スペイン艦「聖ヨゼフ号」に乗船してキューバを経由して南スペインのサン・ルカール・デ・バラメダ港に向かっていた支倉は、船上でスペイン国王フェリッペ三世および宰相のレルマ公フランシスコ・ゴメス・デ・サンドバル・イ・ロハス宛てに、ほぼ同じ内容の日本語による披露状を認めた。

日本においては、私の領主であり奥州の王である伊達政宗が、神の聖なる掟の事について聞き、それらを神聖にして善きものと判断して、すべての家臣たちがキリスト教徒になるように、その領国内において布告するように命じました。

そのために、国王陛下はキリスト教徒たちの至上の人で、強力な王であります。そしてパパ様（ローマ教皇）は全世界の信徒の頭であり、高位聖職者であると知ってお

スペイン王国宰相レルマ公

ります。私にフライ・ルイス・ソテロ神父と共に二人に対し気遣いと畏敬をもって崇拝するために（当地へ）来るように命じられました。その（ローマ教皇とスペイン国王の）仲介によって（目的が）達成されるように、サン・フランシスコ会の神父たちの派遣を命じるように依頼するためです。またそのほかの事柄を陛下と協議するためです。このことにつきましては御前に到着した際に私たち二人からご説明申し上げます。

そして、ソテロの出身地、セビィリャ市に到着した使節団は、同年十月二十七日、市庁を訪れ、市長のサルバティエラ伯に政宗の親書と進物の日本刀を手渡した。親書は横千ミリ、縦三百六十ミリの「金色」の長い巻物である。スペイン語に訳された、その中味の重要な部分を抜粋して紹介する。

聖フランシスコ会のルイス・ソテロ神父が私の領国に来て、キリストの教えを説法した折、私を訪ねて来ましたので、私は神父より御法のことを聴きましたが、神父は典礼に関する幾多の教義やキリスト教徒の荘厳な儀式について説明してくれました。

それらを心の中で思い巡らし、検討した処、真実で正しい教えであることを理解しました。あるやむを得ない事情さえなければ、その教えを自分の信条として受け入れて、キリスト教徒になりたいと思っておりますが、今の私にはそれが出来ませんので、少なくとも私の家臣および領民にはキリスト教徒になってもらいたいと望んでおります。

■政宗の信仰心

後にはっきりすることだが、ここで政宗は致命的な失敗をしてしまった。「あるやむを得ない事情さえなければ、その教えを自分の信条として受け入れて、キリスト教徒になりたいと思っておりますが、今の私にはそれが出来ません」という表現がそれだ。結局、きれいごとを並べ立ててはいるが、洗礼は受けていない事実を暴露してしまったのである。

このことが、やがてソテロや支倉の努力を無にしてしまう。

そもそも政宗は、本当にキリスト教の信仰心、あるいはキリスト教への好意を持っていたのだろうか。

アンジェリス書簡（一六一九年〈元和五年〉十一月三十日付）では、政宗は親書を通してローマ教皇に洗礼の秘跡を受ける意向を伝えていたが、それは偽りである、としている。

その根拠として、以下を挙げた。

〈政宗には〉寧《むし》ろ現世があるのみで、〈来世の〉救いはないと考えているからである。それ故、彼は正妻のほかに三百人の側女〈妾〉を持って正妻を邸内に置かず、己の世話をする多数の〈男色のための〉童児〈小姓〉をかかえております。

実際、政宗が小姓と衆道の契りを交わしたと、赤裸々に自ら告白している書状が、仙台市博物館に残されている。「三百人の側女」などは明らかに誇大な表現だが、政宗の信仰心を正しく評価していると思う。

政宗は、最初からキリスト教の洗礼を受ける気などなかったのに、あたかも洗礼志願者であるかのように振る舞い、ローマ教皇やスペイン国王を欺こうとしていたのである。

■スペイン政府の不信

使節一行は、到着当初はセビィリャで大歓迎を受けた。理由は二つある。一つは、同市の名門家出身のソテロの影響によるものである。セビィリャ市当局は、東洋の果ての王国から使節団を率いて故郷に錦を飾ったカバジェロ家の御曹司を無視することが出来ず、使節一行を大歓迎したのである。もう一つは、極東の島国の「奥州王」というのが、どのくらいの地位なのか、そして、使節団のスペイン訪問の目的がなんであるのか、よくわからなかったからだ。セビィリャ市当局は、使節一行をどのように扱うべきかよくわからなかったため、とりあえずソテロの言い分を信じて歓待したのである。

セビィリャ市のアルカサール宮殿城代ファン・ガリャルドがスペイン国王に宛てた書簡によると、使節はいまだに、「日本皇帝（将軍）」および「奥州王」の派遣となっている。これは、ソテロがそう装っていたためである。そのため、セビィリャ滞在中の経費は、すべてセビィリャ市が負担し、支倉ら幹部随行員の宿泊先も、国賓級の要人が宿泊するアルカサール宮殿が提供されたのである。

ここで支倉とソテロは、インディアス顧問会議が派遣した通商院院長、ウアルテの事情聴取を受けた。この時も、支倉とソテロは、宣教師の派遣要請は、日本皇帝（将軍）の認証を得たものであると虚偽の説明を行った。これに対しスペイン政府側は、キリスト教の禁教令を公布した日本皇帝（将軍）が、宣教師派遣を要請している奥州の王（政宗）と同じような対応をするはずがないと、その矛盾を突いて、支倉とソテロに強い疑念を抱いた。

日本の禁教令のニュースは、イエズス会を通じてすでにスペインまで届いていた。

ウアルテがインディアス顧問会議に送った報告書によると、支倉とソテロは、宣教師の派遣要請や通商交易の交渉以外については、何も語らなかった。

この時、ウアルテに対して、徳川幕府のキリスト教の禁教令による迫害で、信徒たちが信仰を守れなくなっている、そこで政宗が、キリシタンと手を結んで、武力を用いて徳川政権を倒すので、スペイン政府の支援をお願いしたい、と本当の目的を明かしたら、状況が変化した可能性はある。

ところが、支倉もソテロも真実を語らず、使節を派遣したのが日本の皇帝なのか、地方の国王（大名）なのかさえも曖昧に伝えた。

これは、政宗の細心すぎる性格が原因であると私は考える。

幕府に秘密が漏れないよう、本当の目的はローマ教皇に口頭で伝えよと支倉に厳しく命令したことで、使節団のスペインでの言動が矛盾だらけになり、結局、スペインの不信をかってしまったからである。また、後述するように、政宗の目論見は、まず、ローマ教皇のお墨付きを得て、それをもってスペイン国王に協力を要請するというものであった。最初のスペインは、単なる通過点でよかったのである。しかし、それは机上の空論だった。

スペインもそれほど甘くはない。使節が何か隠していることに敏感に反応したのである。

結局、一六一五年（慶長二十年）一月十六日、インディアス顧問会議は、「訪欧使節団」の目的に関する調査結果に基づく使節一行の処遇について、スペイン国王に上奏した。その主な内容とは、使節は日本皇帝（将軍）が派遣したのではなく、一地方の領主が派遣したものなので、イタリアの下級諸侯から派遣されてきた者と同様に待遇してよろしい、というものであった。この決定によって、支倉らの宿舎は、王宮ではなくなりサン・フランシスコ修道院の客人扱いとなるなど、スペイン側の待遇が大きく変わった。「訪欧使節団」は、セビィリャでの国賓級待遇から準公賓待遇に格下げされたのである。

■国王に謁見

一六一五年（慶長二十年）一月三十日、支倉ら「訪欧使節団」一行は、首都マドリードでスペイン国王フェリッペ三世に謁見し、政宗の親書と進物を手渡すと同時に、ここでも（フランシスコ会の）宣教師の派遣を強く要請した。

支倉は国王との謁見式で、大使として次のような堂々とした口頭演説を行っている（『遺欧使節記』）。

光を見出すために来た人が、多くの醜態と苦労の末に、まるで栄光に輝く魂を喜ばすように、私は天の光のない国から、天の光を求めるためにこのキリスト教国にやって参りました。世界中のキリスト教徒を照らす太陽とも譬えられる陛下の御前に出て、もはや海上の危険と陸上の禍に動じないばかりではなく、陛下の栄光に導かれ、また寛大な御心に勇気づけられて、私自身領国で一番の幸運と名誉を得ました。

この支倉の口上に対し、国王は次のように返答した（同前）。

使節を遣わした（奥州）王が求めておられることに対し、喜んで応じることに決めました。私たちに示された提案、及び友好を重んじ深く感謝いたします。我々としては現在もまた如何なる時においてもそれに応じぬことはありません。これに対する最も相応しい処遇については、最も好都合な折に新たに協議する機会を与えるでしょう。

一見、好意的に見える返答だが、実際は、政宗の提案を肯定も否定もせず、曖昧にした

スペイン国王フェリッペ三世（プラド美術館蔵）

まま交渉を先送りにするスペイン側の外交辞令である。結局、その後、再び、政宗の提案事項について、スペイン側と新たに協議する機会は与えられなかった。

支倉が国王に謁見した後、インディアス顧問会議は、一六一五年二月四日付国王宛ての意見書で、使節の行動に関して苦言を呈した。

支倉ら使節一行は、国王に謁見後も、何を目的にスペインを訪れたのか本当のことを何も語らないと嘆き、彼らが宿泊しているサン・フランシスコ修道院でのトラブル発生や、使節一行への出費が嵩んでいることを訴えた。当時、スペインの財政が厳しかったこともあって、彼らの処遇について、早く結論を出してくれるよう、国王に強く要望したのである。さらにインディアス顧問会議は、使節一行のローマ行きの費用まで負担すべきではなく（支倉ら使節は、当時の国際慣行に従って、国賓である自分たちの旅費を使節の接受国であるスペインに負担してくれと申し出ていた）、すぐに使節を国外に追放すべきであると主張した。

結局、インディアス顧問会議は国王に対し、使節一行のローマ訪問と日本への司教派遣（支倉とソテロはこれも請願した）に反対し、唯一、宣教師の派遣だけを許可すべきであると進言した。また、伊達藩と通商条約を締結することに関しては、政宗の好意には感謝するものの、現状維持に止めるべきであると提案している。

国王も、支倉らがローマへ行くための便宜を図ることに反対であったが、最終的には承認を与え、旅費として四千ドゥカドを与えている。

ところで、インディアス顧問会議が国王に訴えた、使節一行が宿泊しているサン・フランシスコ修道院でのトラブルとは何だったのか。

これは、修道院長がインディアス顧問会議に対し、日本人随行員が、修道院の病室や部屋に損傷を与えていると厳しく抗議したことから発覚した。これによって、随行員の行儀の悪さが浮き彫りにされた。こうした蛮行は、日本を離れ、長年にわたって異国を駆け巡る生活を送ったため、ストレスが蓄積したことが大きな要因となったのであろう。

■支倉、洗礼を受ける

スペインでは、使節一行にとって悪いニュースばかりが続いたが、その中で晴れがましい一瞬もあった。一六一五年（慶長二十年）二月十七日、支倉は、王立跣足会女子修道院付属教会において、国王の臨席のもと、代父はレルマ公、代母はバラハス伯爵夫人という非常に豪華な洗礼式を執り行った。霊名はフェリッペ・フランシスコ。

もともとキリシタンではない支倉が洗礼を受けたのは、旅を続けながら、ソテロからキリスト教の教義（公教要理）について学び、十分に納得したうえでのことだったとは思う。しかし、この儀式がキリストの死と復活に接するものであることから考えて、本来であれば、メキシコ市に滞在中の復活祭に執り行うのがもっとも相応しかった。しかし、支倉は、ソテロからの助言で、最初からマドリードにおいて、宰相たるレルマ公に代父を頼んで受洗することを決めていた。

そのため、支倉が受洗したのは、信仰心よりも、スペイン国王やローマ教皇との対外交渉を進めるうえでの劇的な効果を演出するためではないか、もしくはレルマ公と霊的関係を結ぶことでスペイン政府との交渉事を有利に取り計らってもらうためではないか、といった見方がある。

■「サンティアゴ騎士団」の騎士任命の請願を拒否される

さらに支倉は、受洗式直後、国王とレルマ公に対し、カトリック教徒であることが条件の「サンティアゴ騎士団」の騎士団員（カバジェロ）に任命してくれるよう、請願書を提出し、国王は、これらをインディアス顧問会議に送るよう命じた。この支倉の請願を審議したインディアス顧問会議の決議書（一六一五年〈慶長二十年〉四月二十九日付）が、セビィリャ市のインディアス総文書館に残されている。「支倉の請願を拒否すべきである」と記されている決議書の主な内容は、次のとおりである。

顧問会議ではそのことに関して審議しましたところ、前例のないことであり、かの国（日本）は異教徒の国であるために事例として役に立つことが出来るものが他に見当たりませんでした。そして（彼は）かの国に居住するために再び戻らなければなりません。また、彼の王（政宗）とも通交が確立していません。彼は日本へ戻れば他の例にもありましたように、受入れました信仰に背く可能性があるでしょう。とりわけ、彼の王が不愉快な思いをしたら、今は（サンティアゴ騎士団の身分を示す）徽章の名誉を得ることを望んでいても、その時にはないがしろにする結果になるでしょう。そして、（騎士団員は）カトリック教徒だけを対象にしたものであり、このような危険な人物が陛下の手から受け取った徽章を身に着けることは正当ではないでしょう。それ以上にかの国では（サンティアゴ）騎士団の義務と規則を遂行することが出来ないだろうし、また（かの国では徽章の）重要性について知られていないのです。そしてまた、何か特別な目的のためにフライ・ルイス・ソテロからそれを求めるように依頼されたと思います。

以上の点を考慮しますと、彼（支倉）に（サンティアゴ騎士団の）称号を与えることは相応しくないようです。（中略）この人物に野望に似たようなことをさせたフライ・ルイス・ソテロに注意するように言いなさい。（傍線部筆者）

この決議書によると、支倉はスペイン側に対し、騎士団の騎士に任命されたい理由について何も説明せずに、いきなり請願したようである。そのため、インディアス顧問会議から何か「特別な目的」が隠されているのではないかと疑われた。

インディアス顧問会議が疑った「特別な目的」とは、一体何だったのか。

考えられることは、政宗が伊達領内に創設しようとした「カトリック騎士団」と関係があるということだ（この「カトリック騎士団」については第五章で詳述する）。政宗の思惑通り、ローマ教皇から教皇支配下の「カトリック騎士団」の創設が認められれば、騎士団内部の複雑な規定や、管理・運営方法に精通している人材が必要となる。「カトリック騎士団」の団長には、騎士の称号を持ち、騎士団に関する知識が豊富な人物が望ましいのである。

支倉が、スペイン国王から正式な「サンティアゴ騎士団」の団員として認められ、「騎士」の称号を与えられて、必要な訓練を受ければ、その任務を果たすことができる。そうなれば、「カトリック騎士団」が幕府転覆のために行動を開始した場合、「サンティアゴ騎士団」から軍事支援を受けることも可能である。

しかし、この支倉の騎士任命の請願が却下されたことで、「サンティアゴ騎士団」を巻き込んだ戦略は、用いることが出来なくなってしまった。

「サンティアゴ騎士団」とは、十二世紀にスペインのレオン王国の首都レオンで、国家の庇護のもと設立された伝統ある騎士団である。ローマ教皇アレクサンデル三世の特使、ハシント枢機卿により最初の戒律を授かり、ガリシアとアストゥリアスの聖人、聖ヤコブの旗のもと、イベリア半島のイスラム勢力との戦いで名を成した。

「サンティアゴ騎士団」への入団は、結成当初はそれほど難しくはなかったが、その存在価値が高まるにつれて徐々に厳しくなった。ローマ教皇およびカトリック王であるスペイン国王の騎士なので、カトリック教徒であることが最低条件であった。ユダヤ系、イスラム系の血を受け継いでいる者、カトリック教会から見た異端者、ユダヤ教やイスラム教からの改宗者などは、入団が厳しく制限されていた。

支倉が拝謁したフェリッペ三世は、一五九九年（慶長四年）、父のフェリッペ二世の死に伴い、スペイン国王に任じられると同時に、「サンティアゴ騎士団」の終身管理人に就任している。

■スペインでの成果なし

結局、使節一行はスペイン政府との外交交渉において、何の成果もあげられなかった。スペイン政府では、メキシコと仙台藩との通商交易の開始は、日本とフィリピン間の貿易の妨げであり、また、日本の皇帝（将軍）には、もはやキリスト教を容認する余地がないと判断した。政宗の提案はすべて拒否された。

支倉ら使節一行は、最後の望みを胸に、一六一五年（慶長二十年）八月、ローマへ向かうためにマドリードを出発した。

第五章　ローマでの栄光と挫折・定説の誤り

■ローマ教皇との非公式謁見

そして、本書のクライマックスである、ローマでの教皇への謁見に舞台は移る。ここで、政宗の野望はその全貌を現し、すべてが砕け散る。

使節一行は、一六一五年（元和元年）十月上旬、スペインのバルセロナ港からジェノヴァのフラガータ船二隻とバルセロナのベルガンティン船一隻に分乗して、イタリアのサヴォナ港に向けて出帆。ジェノヴァを経由して、十月十八日、念願のローマ外港であるチヴィタヴェキアに到着し、指定された宿泊先であるフランシスコ会のアラチェーリ修道院に落ち着いた。

支倉とソテロは、ローマ到着後、直ちに、モンテ・カバルロ（クィリナーレ宮殿）において、非公式にローマ教皇、パウルス五世に拝謁した。

『遣欧使節記』には、その時のようすが次のように記録されている。

アラレオネ枢機卿は教皇聖下の名において、（二人の）大使（ソテロと支倉）だけを誘って（教皇の）御足に接吻し、従順を表すように告げた。部屋（謁見室）に入ると、

ローマ教皇パウルス五世（ヴァティカン機密文書館蔵）

名誉侍従とほかの紳士らが使節に対して敬意を払って迎えた。この教皇聖下の侍従長のパオネ枢機卿猊下が到着し、使節に表敬し、(挨拶をして)儀典長とともに謁見室に入り、(大使らは)型通り三度跪拝した後、教皇の足許にひれ伏し、使節に多くの栄誉を授けられたこと、そして奥州王の名代として教皇聖下に服従と忠誠の誓いを無事にできるように導いてくれた神に対してお礼を申上げた。

支倉らが拝謁したローマ教皇パウルス五世は歴代教皇の中でも屈指の重要人物である。俗名をカミッロ・ボルゲーゼといい、イタリア、シエナの名門貴族、ボルゲーゼ家に生まれた。ボローニャおよびスペインにおける教皇使節を務めた後、一五九六年(慶長元年)に枢機卿に任命され、一六〇五年(慶長十年)五月に教皇に登位した。宗教改革で弱まった教皇権の回復に努め、サン・ピエトロ寺院の完成、ヴァティカン図書館の充実を行った。「まえがき」で述べたように、ヴァティカン機密文書館を創設したのも、この教皇である。また東洋布教の発展に努め、一六〇八年(慶長十三年)六月十一日、教皇令により日本布教に関する従来の一切の制限を撤廃、フランシスコ会を始め、ドミニコ会、アウグスティヌス会など諸修道会の日本布教を認めた。支倉ら使節一行の世話役として、随員一人ひとりの面倒を親切に見てくれたボルゲーゼ枢機卿は、教皇の甥にあたる。

■教皇に豪華進物を贈る

ソテロは、政宗に使節団の渡航先をメキシコからスペイン、ローマへと変更するように勧めた際、スペイン国王およびローマ教皇への贈呈品（進物）を持参すべきであると提案した。ソテロの指摘を受けて政宗は、両者への豪華な贈呈品を準備させた。ただ、現在、スペインとローマには政宗が持参させたものと確認された贈呈品は何も残っていない。しかし、贈呈品が送られた事実は次の史料で確認できる。使節一行が道中立ち寄ったジェノヴァの国立文書館に残されている『元老院の議事録』には、ローマ教皇への荷物に関税をかけないように、と記述されている。

（元老院の）議員はサン・ジョルジョ（サン・グレゴリオ）の行政官に対して、使節がローマに持って行く品物を無税で通関させるように指示しました。

さらに、政宗が献上した贈呈品を教皇の甥のボルゲーゼ枢機卿に寄贈する旨を記述した文書が、ヴァティカン機密文書館に残されている。

この文書には、使節団が仙台からローマまで海路と陸路で苦労しながら運んだ贈呈品の内訳が書かれている。それらの品物とは、まず、

①日本的な屛風（イタリア語では一緒に閉じることが出来る日本風の絵画が描かれている四枚の壁紙と説明されている）。

②真珠と金箔を嵌め込んで細工した脚付きの木製机（蒔絵の黒漆机）。

③蒔絵の小簞笥。

④大きな戸棚。

⑤インク入れと小机。

⑥書見台六個。

⑦聖体用箱六個。

⑧丁寧な細工が施された銅製の壁飾り付香炉四個。

⑨寝台の装飾品一個などの仙台家具。

これらの政宗からの贈呈品は、美術鑑識眼に優れ、夥しい数の美術コレクションを蔵していたボルゲーゼ枢機卿に引き渡された。その後、ボルゲーゼ家の子孫に引き継がれて大

切に保管されていたようだが、時代の移り変わりの中ですべての品物が紛失してしまった。

一方、政宗からスペイン国王陛下に贈られた甲冑や刀剣などの贈呈品は、一八八四年の王宮の武器庫の火災に遭い、大きな被害を受けた。現在、マドリード王宮の王室武具博物館には焼け焦げた甲冑類や複数の刀剣類が収蔵されているが、記録も焼失してしまっているため、政宗からの贈呈品と確認されているものはない。

支倉が受洗式を行った王立跣足会女子修道院付属博物館の聖遺物保管室に所蔵されている螺鈿の「南蛮漆器」は、支倉がスペイン国王フェリッペ三世に贈った品と言われているがやはり確証はない。

■華やかな入市式

支倉らは、非公式会見で教皇から示された愛情に感謝して謁見室を出た後、アマーティを伴って世話役のボルゲーゼ枢機卿を訪れた。ここでソテロは使節団の趣旨を説明し、枢機卿から受けた庇護に対して礼を述べた。ボルゲーゼ枢機卿は支倉らにこう話した（『遣欧使節記』）。

我らの聖なる信仰がこれほど遠く離れた王国（仙台藩領）に根付き、（政宗が）キリシタン王として教皇座に服従したことを知って非常に喜び、使節が交渉で良い成果をもたらすように、我らの主とともに努力することを約束されました。

ところで、使節一行が訪れた頃のローマ・カトリック教会は、一世紀ほど前に起こった宗教改革の嵐をようやく乗り越えたばかりだった。プロテスタントとの鍔迫り合いがまだ続いていたが、教会は信仰を世界に広める運動を積極的に行っていた。使節一行が見たローマ・カトリック、それは新しい時代に合わせて生まれ変わろうとする勢いにあふれていた。

そのため、教皇は、使節一行の入市式は相応しい期日に最大の華やかさで荘厳に行うように命じた。ボルゲーゼ枢機卿は、教皇の意向に添うため、ローマのすべての貴族と騎兵隊を招き、特に枢機卿と各国大使に対して、配下の者を行列に参加させることを忘れないように要請した。

ヴァティカン機密文書館に、古典イタリア語で書かれた公式の『使節一行のローマ入市式報告書』がある。ここには、騎馬武者が連なる華やかなパレードのようすが描写されているが、支倉に同行した三人の日本のキリスト教界の代表、瀧野嘉兵衛、伊丹宋味、野間半兵衛、そして伊達藩士の小寺池（または小平）外記の四人は特別な待遇を受け、貴族の称号を与えられて、「ドン・トマソ・タキノ・カヒョーエ」「ドン・ピエトロ・イタミ・ソーミ」「ドン・フランシスコ・ノマノ・ファンペ」「ドン・アロンソ・コンデライケ・ゲギ」と記されている。

政宗の親書とともに教皇に渡された『畿内キリシタン連署状』には、三人の日本のキリスト教界代表の出自が記されている。

> 私たちの中から、一人はペトロ・伊丹宋味という人物です。彼は高貴な伊丹家の出身で、今は国外追放されており、三十年以上も前からキリスト教徒であり、（これまで）日本で起っ《ママ》たキリスト教界の事情に関して隅々まで知っております。もう一人はトマス・瀧野加兵衛と呼ばれ、聖フランシスコ会の前述の修道士たちと共に十字架に架けられた殉教者の一人の息子です。そして三人目はフランシスコ・ファンペ（野間半兵衛）と呼ばれ、もう一人の殉教者の従兄弟にあたります。

伊丹宋味は、摂津国（大阪）出身で、朱印船貿易の豪商として知られ、慶長九年（一六〇四年）には家康より朱印状を下付されている。また支倉の護衛隊長としてスペイン側の史料にたびたび登場する京都、山城出身の瀧野嘉兵衛と、尾張出身の野間半兵衛のいずれも秀吉に長崎の西坂で処刑された「日本二十六聖人」の縁者であった。三名ともローマでは特別扱いされドン（貴族）の称号が与えられ、支倉と共にローマ市から「ローマ市民権証書」が授与されている。ちなみに、これら三名のローマでの役割は、日本のキリスト教徒の代表としてローマ教皇に謁見し、日本のキリスト教界の実情を話し、将来、信徒たちが信仰を守って平穏に暮らせるために必要な事柄を教皇に請願することであった。そのために持参したのが、『畿内キリシタン連署状』である。

■教皇との公式謁見に臨む

一六一五年（元和元年）十一月三日午後二時三十分、支倉らは、ボルゲーゼ枢機卿が差し回した二台の馬車に乗り、宿泊先のアラチェーリ修道院を出て、ヴァティカン宮殿に向かった。準備された使節の控室で、衣服を着替えたのち、クレメンティナ広間に隣り合った謁見室に入った。そこには、ローマ教皇の命により、枢機卿、大司教、司教、教皇庁書記官、教皇大使、聖職者らが列座していた。

支倉の教皇聖下との謁見式に参列したローマ駐在のスペイン大使、フランシスコ・デ・カストロ伯によると、公式の謁見式において、教皇庁は支倉大使に対し、一六〇九年八月二十八日に、ヴァティカンを訪れて教皇パウルス五世に謁見したペルシャのアリ・ゴリ・ベク・モルダル大使や、同年九月二十八日に同教皇に謁見したペルシャのドン・ロベルト大使らに勝ったもてなしを与えたそうである。教皇はペルシャ大使らを、少数の枢機卿と共に、私室で引見したのに対し、支倉に対しては、枢機卿会全員の参列のもと、公式の枢機卿会議を行う部屋で支倉を迎えた。

支倉は、ローマ貴族の資格で入室し、慣習に従い、三度跪いて、教皇の足に接吻してから、日本語およびラテン語訳文で認められた伊達政宗の親書を教皇に手渡した。この親書は、直ちに読み上げられた。

この親書は、日本語の原文、ラテン語の翻訳ともに現存している。ここでは、日本語原文を紹介する。

於世界、広大成貴御親五番目之はつははうろ（教皇パウルス五世）様之御足を、於

日本、奥州之屋形伊達政宗、謹而奉吸申上候、
於吾国、さんふらんしすこ（サン・フランシスコ）の御もんは（門派）の伴天連ふらいるいすそてろ（フライ・ルイス・ソテロ）、たつときてうす（貴きデウス）の御法をひろめニ御越之時、我等所へ御見舞被成候、其口より、きりしたんの様子、何れもてうすの御法之事を承わけ申候、其付しあん（思案）仕候程、しゆせう（殊勝）なる御事、まことの御定め之みちを奉存候、それにしたかつて（従って）、①きりしたんニ成度乍存、今之うちハ難去さしあわせ申子細御座候而、未無其儀候、乍去、某分国中、おしなへて下々迄、きりしたんニ罷成申候やう（様）ニ、すゝめ可申ために、さんふらんしすこ之御もんはのうちニ、わうせれはんしや（オプセルバンシア＝厳格派）の伴天連衆、御渡被成可被下候、何やうニもしゆせう大切ニ可存候、御渡被成候其伴天連衆ニ、万事ニ付而、御ちからを御ゆるし候て可被下候、其伴天連衆ニ、我等手前より寺をたて、万ニ付而御ちそう（馳走）可申候、同我国之うちニおゐて、たつとき（貴き）てうすの御法を御ひろめ被成候ために、可然と思食候程之事、被相定可預候、別而大きなるつかさ（司教）を御一人定め被下可預候、さやうニ御座候者、頓而〳〵皆々きりしたんニ罷成候事一定と奉存候、我等何やうニも請取申候間、御合力之儀、

すこしも御きつかい（気遣い）被成間敷候、是ニ付而、我等心中ニ存候程の事、此ふらいるいすそてろ被存候間、貴老様御前、奉叶申やうニ頼入、我等使者を相定渡申候、其口を御聞候て可被下候、此ふらいそてろニさしそへ候て、我等家之侍一人、支倉六右衛門尉と申者を同使者として渡申候、我等めうたい（名代）として御したかい（従い）のしるし、御足をすい（吸い）たてまつるために、能《ママ》ろうま（ローマ）迄進上仕候、此伴天連そてろ、みちニ而自然はてられ申候者、そてろ被申置候伴天連を、おなしやうニ我等か使者を（と）おほしめし候て可被下候、某の国とのひすはんにや（ノビスパニヤ＝メキシコ）之あひた近国に而御座候条、②向後ゑすはんや（エスパニア＝スペイン）の大帝皇とんひりつへ（ドン・フェリッペ）様と可申談候、如其、其元被相調可被下候、伴天連衆渡海成ため奉頼存候、猶以某之上、貴きてうす天道之御前ニおゐて、御ないせう（内証）ニ叶申やう奉頼申候、猶此国如何様之御用等可被仰付候、随分御奉公可申上候、是式ニ御座候得共、日本之道具乍恐進上仕候、③猶此伴天連ふらいるいすそてろと、六右衛門尉口上ニ而可申上候、其くち（口）次第ニ可被成候、
早々恐入候、誠恐誠惶敬白、

伊達陸奥守（花押）

慶長十八年

九月四日　政宗（朱印）

於世界貴御親五代目之

はつははうろ様

進上

（傍線部筆者）

この親書のポイントは三つある。

まず、ここでも政宗は、【傍線部①】キリシタンになりたいと思ってはいるが、今のところは事情があって、まだ洗礼は受けていないことを告白したこと。次に、【傍線部②】この後、スペイン国王フェリッペ三世と交渉に入るという目論見を説明していること。最後が、【傍線部③】ソテロと六右衛門とが口頭で申し上げるところに従って判断してほしい、と訴えていることである。

他の部分は、定説にもある内容で、さほど重要ではない。

ローマ教皇パウルス五世宛て『畿内キリシタン連署状』
（ヴァティカン機密文書館蔵）

（1）フランシスコ会所属の宣教師の派遣要請、（2）司教区の設置および（フランシスコ修道会所属の）高位聖職者（司教）の任命、（3）メキシコとの直接通商交易開始を実現させるための仲介の三点は、すでに明らかになっている。

これに加えて、使節団が持参した『畿内キリシタンの連署状』では、（4）コレジオ（神学校）の設立許可、（5）日本人殉教者の公式認知（列福、列聖）、（6）「勢数多講（信心会）」の設立許可なども請願している。

問題は、これら六点の請願に対する回答である。

■ヴァティカン機密文書館に残されていた回答

ヴァティカン機密文書館に残されている一六一五年十二月二十七日付のローマ教皇パウルス五世の小勅書（ローマ教皇によって出された最も重要な正式通知〈勅令〉をいう。末尾には教皇の印章〈Bulla〉が添えられる）、および異端審問会議の決議によるイタリア語表記の回答文書の下書きには、これら六点の請願に対する回答以外に、書状で請願していない内容に対する回答が記されていたのである。

請願していないことに回答するはずがないので、この請願は、「口上（口頭）」でなされたと考えるべきである。それこそが、政宗の野望の核心部分なのである。それでは、回答の中身を検証してみよう。

請願のうち、（1）宣教師の日本への派遣、（2）の司教区の設置、（3）の教皇の仲介によるメキシコとの通商交易開始の件は、すべて、スペイン国王とスペイン駐在の教皇大使の協議によるもので、教皇大使に対して手紙を書くという答えだった。

（4）のコレジオ（神学校）に関しては、

司教が任命されるとともに、可能な限りあらゆる希望が満たされるでしょう。

（5）の殉教者の列聖は通常通りの審査が行われ、

その根拠（理由）が明らかになるまではできない。もし神父たちが審査を行うことを希望するならば、その手続きを行うべきである。

と、勧告された。ちなみに、長崎で殉教した二十六人については、長期間審査が行われたのち、列福され、その後さらに「日本二十六聖人」として列聖された。

そして、回答文書で突然、登場するのが、政宗を「カトリック王」として叙任してほしいという請願と、日本に「キリスト教徒の騎士団」を創設したいという請願なのである。

これに対し、ローマ教皇はいかに答えたのだろうか。まず、前者の政宗の「カトリック王」の叙任に関しては、

（教皇聖下による）日本の王（政宗）に対する剣（stocco）と帽子（capello）の叙任について：王（政宗）はキリスト教徒ではないので、少しの協議（検討）もできない。しかし、キリスト教徒の王（カトリック王）になれば、通常、キリスト教徒の王に与えられるあらゆる満足がすぐに与えられるでしょう。また、聖ピエトロ（ローマ教皇）の保護を受けられるでしょう。


と、回答している。

ここで用いられている「剣と帽子の叙任」は比喩的な表現であり、「カトリック王への叙任」の意味である。「剣」とは「王座」を意味し、「帽子」は「王冠」を意味するのだ。

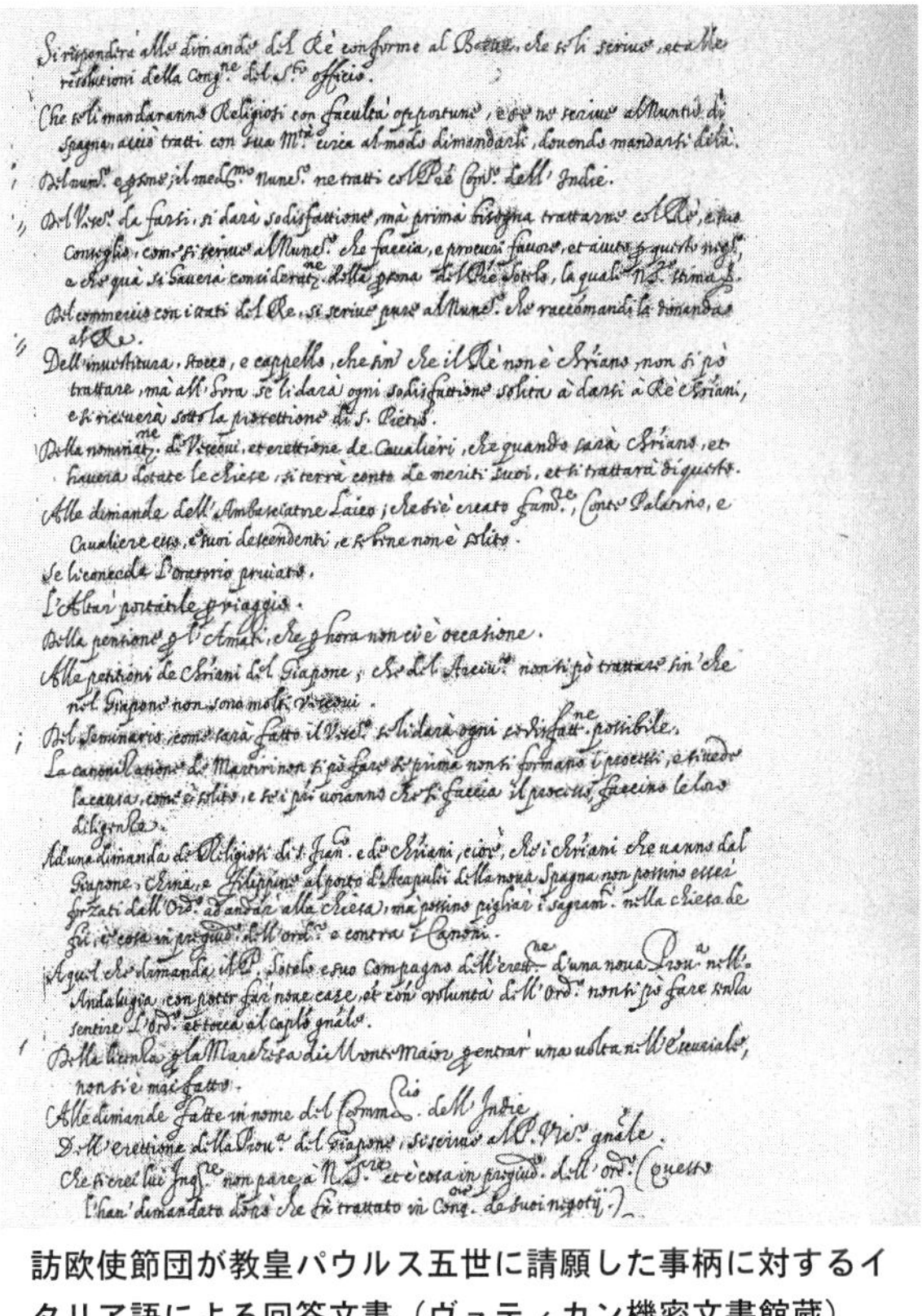

訪欧使節団が教皇パウルス五世に請願した事柄に対するイタリア語による回答文書（ヴァティカン機密文書館蔵）

これを、『仙台市史』では、

〈日本の王の〉叙任、剣と帽子〈の授与〉について

『大日本史料』は、

国王に剣と帽とを贈り、親任の式を挙ぐることに関しては

と訳している。いずれも「剣と帽子」という比喩的な表現の正しい意味を訳者が理解できずに「直訳」するに止まっていたのである。そのため百年以上も歪んだ史実が定説となっていたのである。

教皇庁はこの請願を「異端審問会議」にはかり、政宗がキリスト教徒でないという理由で拒否した。しかし、政宗が洗礼を受けて「カトリック王」になれば、通常、「カトリック王」に与えられるあらゆる満足〈権利＝例えば司教の任命権や聖職者の人事権など〉を与えられ、聖ピエトロ（ローマ教皇）の保護を受けられるだろうと付記していた。

ちなみに、政宗が「カトリック王」を目指していたという情報は、フランシスコ会のライバル、イエズス会も入手していた。イエズス会側の史料『ルイス・ソテロ関係文書』（仙台市博物館蔵）にも、

ルイス・ソテロ神父は、伊達またの名前は政宗を、日本の領国の「（カトリック）王」に叙任するようにローマ教皇に請願したことは周知のことである。

と、記述されている。極秘扱いにされていたはずの請願事項がイエズス会側には漏れていたのである。

一方、後者の「キリスト教徒の騎士団」創設の認証に関しては、回答文書にこう記してある。

「司教の任命（権）および騎士団の創設について、（政宗が）キリスト教徒になった時、また教会を寄贈したならば、彼の功績を考慮して、これについて協議される。

これも、政宗がキリスト教の洗礼を受けて、ローマ教皇によってキリスト教徒の王（カトリック王）に叙任されれば、教皇から司教の任命権が与えられ、スペインの「サンティアゴ騎士団」と同じように教皇支配下の「キリスト教徒の騎士団」の創設も認証されるというものである。

政宗の請願は、彼が洗礼を受けていないという一点で、すべて拒否されたのである。

■洗礼さえ受けていれば……

公式な親書では伝えられないこれらの請願は、すべて口頭で伝えられたはずである。彼らはスペインでも「カトリック王」、「騎士団創設」の二つについては口を閉ざし、ローマ教皇だけに明かした。いわば「秘中の秘」だったといえる。ローマ教皇側でもこの点に配慮し、回答文書の中で、「カトリック王の叙任」を「剣と帽子の叙任」という比喩的な表現を用いて回答している。

ここに戦国を生き抜いた政宗のしたたかさを見ることもできるだろう。前にも述べたが、政宗は、豊臣政権時代にも幾度も謀反の嫌疑をかけられ、窮地に追い込まれたことがあった。「訪欧使節団」派遣に際しても、倒幕計画を幕府側にさとられまいとして、支倉と随行員は極めて慎重に行動した。しかし、それらはすべて無駄に終った。「訪欧使節団」のローマ訪問のもっとも重要な目的であった、政宗の「カトリック王」の叙任と「キリスト教徒の騎士団」創設の二つの請願が却下されたことで、政宗の野望は露と消えた。政宗は教皇宛ての親書で、自分には拠所ない理由があって、今は受洗できないが、その代わりすべての家臣と領民に受洗させることで理解を求めようとした。だが、そうはうまくは行かなかった。カトリック王になるには、カトリック信者でなければならないのは当然のことである。そこを政宗は甘く見ていた。

ローマ教皇庁内部では、政宗が受洗していなかったことに対し、教皇だけでなく多くの枢機卿たちからも惜しむ声が出ていた。一六一六年（元和二年）十二月二十七日付教皇パウルス五世の政宗宛ての親書で、

聖ピエトロの座（教皇庁）の私たちの喜びを満たすために、唯一つ欠けていたことは、貴下（政宗）がキリスト教会の胸の中（内部）において以外には救いがない聖なる洗礼を受けることでした。

と、惜しんでいる。そして、

私たちは、主が許したならば、貴下が請願した司教の任命と、（キリスト教徒の）騎士団の創設に関する貴下たちの望みを解決するために努力するようにします。

と、述べている。「主が許したならば」、つまり、（政宗が）洗礼を受けて神がゆるせば、「（キリスト教徒の）騎士団」の創設の認証の望みを、叶えるために努力したいと述べている。

■スペイン政府の妨害

教皇のつれない回答の裏には、すでに使節団に対する不信感を持っていた、スペイン政府の妨害工作もあった。

一六一六年（元和二年）四月十六日付で、インディアス顧問会議は、次のような内容の意見書を国王陛下に提出している。

日本人たちとフライ・ルイス・ソテロがローマへ赴くことが、もし教皇聖下が彼らの請願した事柄――それらのうちの幾つかは国王陛下から拒否されている――を彼らに承認したならば、不都合なことが生じるのではないかと考えました。当地で要求したすべての事柄について一六一五年四月二日の国王陛下に奉呈した意見書において、当顧問会議としては、あの（ローマへの）旅行をするための許可を彼らに与えたことは適切ではなかったと判断しました。なぜならば、使節のために与えられていたという理由は根拠がなかっただけではありません。かつて（日本のキリスト教の）状況を混乱させ、妨げになり得るということがいくつかの理由でした。

支倉らがローマへ赴いたことで、インディアス顧問会議がもっとも懸念したことは、支倉らがローマ教皇に対し、スペイン国王に請願して拒否された事柄を再度請願して、それらが承認されることであった。

そこでインディアス顧問会議はローマ駐在のスペイン大使カストロ伯に連絡し、支倉らがスペイン国王に請願して却下された事柄を、事前にローマ教皇庁に伝えており、それらをすべて却下するよう依頼していた。結果、ローマ教皇への請願は、インディアス顧問会議の思惑通りに拒否されてしまったのである。

そのうえ、宣教師の派遣や司教叙階の件に関する結論は、マドリード駐在の教皇大使に委ねられ、教皇は、支倉らのすべての請願事項をスペイン国王の意向に従って、対応するよう命じた。そのため、これらは曖昧に処理されてしまったのである。

ところが、使節団一行のローマ訪問を許可した国王フェリッペ三世は、一六一五年（慶長二十年）八月一日付の書簡で、ローマ駐在大使、カストロ伯に対し、ローマにおいて支倉を援助するように命じていた。そこには、

その重大な目的については、彼（支倉）が諸君らに直接告げることでしょう。当地（マドリード）で協議した用件（交渉）は、わが主のために非常に有益であった。朕の名において彼を助け、彼が諸君に求めることは全て、朕が非常に良く奉仕したように、貴下も同様に彼らのために最も都合の良い方法で援助するように命じます。

と記されていた。つまり、スペイン国王は、表面では支倉らのローマでの交渉が、スムーズに進むように援助をしている風を装い、裏では使節団のローマ教皇庁に対する請願事

項の交渉を妨害していたことになる。

いずれにせよ、こうした結果を生んだ要因の一つは、順序を間違えたことにある。政宗の教皇宛ての親書に書かれている通り、日本を出帆する前に計画していたのは、最初にローマ教皇に謁見して請願事項を認めてもらい、そのあと教皇の権威をもって、スペイン国王に実行を迫るというものであった。これならうまく行った可能性はある。

ところが、現実は逆になってしまった。このことは支倉とソテロにとって大きな誤算であったはずである。

■失敗の原因は政宗の二股膏薬戦略

支倉ら使節一行がスペインおよびローマで外交交渉に失敗した最大の原因は、政宗がカトリック教の洗礼を受けていなかったからである。そして、支倉らが訪問国においても倒幕計略を幕府にさとられまいという警戒心が強すぎたため、スペイン政府やローマ教皇庁に対し疑心を抱かせてしまい、最後まで信頼関係を築くことが出来なかったことも大きな要因であった。

だが、もしも政宗がキリシタン大名であったならば、ローマ教皇から「カトリック王」

に叙任され、ローマ教皇支配下の「騎士団の創設」も確実に認められたであろう。そのうえスペイン国王からの「サンティアゴ騎士団」を通しての軍事支援も期待できたはずである。そして日本国内ではローマ教皇のお墨付きを利用して三十万人以上のキリシタンを糾合することも十分可能であった。そうなると、これはオランダとイギリスというプロテスタント（新教）勢力に後押しされた幕府軍と、ローマ教皇支配下の伊達軍という、世界史に残る代理宗教戦争に発展していたかも知れない。ローマ教皇支配下のスペイン、ポルトガル、フランスなどのカトリック連合軍の支援を受ければ、幕府軍との戦いで十分勝算があったと思える。

ところが、政宗は、ローマ教皇宛てやスペイン国王宛てなどの書状に、「拠所ない理由のため受洗しておりません」などと記して、相手を欺こうとしていた。失敗した場合のことを恐れて、最も卑怯な二股膏薬の方法をとったのである。それが通用しなかったことが、失敗の最大にして唯一の理由である。

第六章　帰路の苦悩

■支倉、病に倒れる

支倉らは、一六一六年（元和二年）一月四日、ローマ教皇に再び謁見し、帰国の報告とローマ滞在中に受けた厚意に対して深く感謝の意を表した。一月七日、使節団はローマを出発し、帰国の途についた。

使節団はフィレンツェに五日間滞在したのち、同月二十九日にジェノヴァへ到着した。支倉はジェノヴァ到着二日後に、マラリアの一種である三日熱に罹り、病床の身となった。幸い病気は二週間程度で快復したが、ソテロはスペイン国王に対して支倉の病気が重症であると大袈裟に報告し、多額の出費を余儀なくされているのでマドリードまでの旅費の援助を懇願したいとの書簡を送っている。

その書簡には、

もし（支倉の）病気が長引けば、費用の支払いも旅行も継続できなくなる恐れがあるので、やむを得ずこの件を国王陛下に報告いたし、当地（ジェノヴァ）駐在の大使、或は然るべき人に命じて、（支倉大使の）治療に必要な経費と私たちのエスパニア

（スペイン）への旅行に必要な援助を与えて下さるように請願いたします。

と書かれていた。この書簡に対するインディアス顧問会議の意見書（一六一六年二月八日付）では、前向きに対応することが述べられている。

しかし、国王の姻戚であるトレドの枢機卿とアウグスティン・メシア大公は、日本でキリシタン弾圧が行われていることから、宣教師の派遣などの使節の目的に対し疑問を抱き、大使ら日本人はマドリードには立ち寄らないで、直接、セビィリャへ行かせ、本年出航するメキシコ行きの艦船に乗船させるようにと、インディアス顧問会議に進言している。

これを受けてインディアス顧問会議は、三月十日の会議で、使節団は宮廷に留まらずセビィリャに直行し、帰国に専念せよと命ずべしと提案した。国王は、その意見通りにせよ、と命じている。スペイン政府側の使節一行に対する処置は、ついに国外追放に匹敵するものとなってしまった。

■支倉とソテロの居座り

使節一行は、一六一六年（元和二年）三月下旬にジェノヴァからマドリード市郊外のシエラ・ゴルダ地区のフランシスコ会系のサン・ペドロ教会にたどりついた。ここでメキシコから使節一行の通訳として同行したメキシコ生まれのスペイン人、クリオーリョ・フランシスコ・マルティネス・モンタニョ（通称ハポン）が栄養失調のような病気で死亡した。マルティネスはローマ滞在中、支倉らとともにローマ市議会より「ローマ市民権証書」を授けられていた。

サン・ペドロ教会に残されている「死者・埋葬台帳」には、こう記されている。

貧困（Pobre）のうちに亡くなったフランシスコ・M・モンタニョ

使節一行は、五月までサン・ペドロ教会に滞在した。五月十四日になってようやく国王陛下から日本への帰国費用を与えられた。この支払についてメルチョール・マルドナドは、

国王陛下宛ての奥州王の書簡を持ってきた日本人随行員ルーカス・カンシュロー（伊達藩士、山口勘十郎）に彼らの旅支度のために三十七万五千マラベディーを与えた。

と記述している。

一六一六年五月十八日付で、ソテロは、セビィリャの通商院に対し、支倉と彼の随行員二十八名の日本人および二名のフランシスコ会修道士のためのメキシコへの乗船許可（渡航許可）を申請した。インディアス顧問会議は、同日付でこれを承認し、旅費として三千三百ドゥカドを支払った。

しかし、支倉とソテロは、国王から政宗宛ての返書を受け取らないかぎり帰国はできないと、二名の修道士と日本人五名と共にセビィリャ市郊外のロレート修道院に居座ったのである。

支倉とソテロは、ロレート修道院で国王からの政宗宛ての親書が届くのを待ち望んだ。しかし、一年以上何も連絡がなかった。そこで最後の手段とばかりに、ソテロの実家からセビィリャ市当局に働きかけてもらい、市当局から国王宛てに書簡を送ってもらった。

セビィリャ市当局が国王に働きかけたにもかかわらず、支倉のもとには相変わらず何の連絡も届かなかった。そこで支倉は一六一七年（元和三年）四月二十四日付でスペイン国王宛てに嘆願書を送っている。そこでは、大坂冬の陣前後において、家康の迫害にもかかわらず、政宗が領内のキリスト教徒を保護したことに触れ、自分が帰国しないのは、神の摂理によるものであると述べている。

■強制退去

支倉とソテロは何とか国王から返書をもらおうと手段を講じたが、その甲斐もなく、一六一七年（元和三年）六月十三日、インディアス顧問会議は、ついに支倉に対して強制的な国外退去を命じた。

しかし、「返書を受け取るまでは帰れぬ」という支倉の執念に根負けしたスペイン政府は、使節団がフィリピンに到着した時に、返書をソテロに渡すと支倉に伝えた。これは一日も早く支倉らを帰国させるための方便であることは明白であった。ちなみに、支倉がフィリピンで受け取った、一六一七年七月十二日付の国王から政宗に宛てた返書は、儀礼的なものであり、政宗が求めた宣教師の派遣や通商交易の開始のための協定締結などに関しては何も答えていなかった。結局、支倉やソテロのスペイン国王に対する働きかけは、何の効果もなかった。

最後通告を受けた支倉とソテロは、これ以上スペインに留まっても意味のないことを悟り、セビィリャを去ることにした。一六一七年七月四日、支倉とソテロは定期艦船に乗船してメキシコへ向かった。

支倉がメキシコ副王に宛てた請願書によると、支倉はセビィリャ市滞在中に政宗へ書簡を送り、日本へ帰国するために「サン・ファン・バウティスタ号」をメキシコへ派遣してくれるよう要請していた。これに応えて政宗は、元和二年（一六一六年）八月二十日、家臣の横沢将監に命じて、支倉ら使節団員を迎えるため、「サン・ファン・バウティスタ号」にスペインの遣日大使サンタ・カタリーナやサン・フランシスコらを乗せて、メキシコのアカプルコ港に向かわせていた。

五カ月のうち四十四日間も暴風の猛威に襲われ、二本の帆柱は折れ、船全体が破損し、乗組員二百名のうち半数は病死するという過酷な航海の末、翌一六一七年（元和三年）二月二十三日、一行はアカプルコ港に到着した。この時、横沢は、渡航費用に充てるために現地で売却する商品と、政宗からの支倉とソテロ宛ての書状を持参していた。ちなみに、横沢将監は政宗に仕えた側近で、メキシコにおいて洗礼を受け、霊名をアロンソ・ハヤルドと称した。だが、帰国後、棄教している。

ソテロはメキシコで、政宗が横沢に託した支倉宛ての書状を読み、横沢からも話を聞いて、政宗のキリスト教徒の保護に関する意思を確認し、仙台藩内および全国のキリスト教徒のようすを把握した。そして、インディアス顧問会議のカリージョ議長と宰相のレルマ公宛てに最後の嘆願書を送った。この書簡には、

（政宗は）日本におけるキリスト教徒の数が極めて多く、三十万人を超えていることを知っており、キリスト教徒が彼らの主人（領主）たちにいかに忠実であるかを知っているので、彼（政宗）は自分の家臣たちがキリスト教徒となることを、そして自らもがキリスト教徒になることを望んでおります。（中略）迫害されたりしている帝国（幕府）の他のキリスト教徒すべてを彼のもとに集結させて、そして彼らと一緒に帝国を攻撃し（後略）

と書かれている。当時の日本全国のキリシタンの概数が三十万人以上というのは、イエズス会の史料とも符合するので信憑性がある。ちなみに、慶長十八年（一六一三年）に禁教令が出された当時のキリシタンの概数は、三十七万人前後であった。

■支倉の帰国と最期

一六一八年（元和四年）四月二日、支倉らを乗せた「サン・ファン・バウティスタ号」と、フィリピン新任総督アロンソ・ファハルドが率いるガレオン船がマニラに向けてアカプルコ港を出帆し、六月下旬マニラ港に到着した。支倉らは、マニラのサン・フランシスコ・デル・モンテ修道院に一年半の長期間滞在した。なぜ一年半もマニラに滞在したのかその理由はわからない。

一行がマニラに到着した頃、十四隻のオランダ艦船が間もなくマニラを襲撃するだろうという情報が広まっていた。オランダの艦隊と戦うための船舶が不足していたため、ファハルド総督は、政宗の「サン・ファン・バウティスタ号」をスペイン艦隊に加えるために、ソテロを仲介にして、支倉らと譲渡交渉を行うことにした。フィリピン総督がスペイン国王に宛てた一六一九年（元和五年）七月二十八日付の書簡には、

昨年、ヌエバ・エスパニア（メキシコ）から到着していた日本の大使（支倉）と彼の配下の日本人の船（サン・ファン・バウティスタ号）を（スペイン）艦隊に加えることが重要であることに気づきました。フランシスコ会の修道士たちが仲介して（中略）、大使が配下らと共に（船の売却について）大変良い対応と歓迎をしてくれたので、

格安の値段でそれ（船）を譲ってくれることを決めました。

と、売却が決まったことが記されている。

なお、同船はオランダとの交戦に参戦し、砲撃されてマニラ沖で沈没している。日本のキリスト教界の代表者三名とマニラで逃亡した数名の従者を除き、支倉と横沢将監ら伊達藩の随行員はマニラに残留するソテロと別れ、便船に乗船してマニラを発ち、元和六年（一六二〇年）八月、長崎に戻った。仙台帰着は八月二十四日である。

支倉は直ちに青葉城へ登城し、政宗と実に七年ぶりに再会し、旅の報告を行ったのである。

支倉の帰国に関して『貞山公治家記録』には、

南蛮国（メキシコ）ノ事物、六右衛門物語ノ趣、奇怪最多シ（帰国した支倉の話は理解し難いことばかりである）。

と書かれている。

政宗が帰国した支倉に対して、どのように接したかはわからない。支倉は、スペインおよびローマにおける、外交交渉がすべて失敗したことを報告したはずである。その失敗の最大の原因が、政宗自身がキリスト教の洗礼を受けていなかったからだと聞いて、政宗はどのように思ったのであろうか。受洗しなかったことを後悔したのか、あるいは、すでに予想以上に幕府のキリシタン弾圧が激しくなったので、受洗していなくて良かったと安堵したのかはわからない。

一六二八年にマドリードで印刷され普及した、ソテロのローマ教皇宛てラテン語書簡（一六二四年一月二十日付）に関するスペインの異端審問委員会長官ドン・イバン・セビコス博士の覚書によると、ソテロは、

使節団において仲間だったフェリッペ・ファセクラ（支倉）は、帰国後政宗から大きな栄誉を授かった。

と、記している。そして、

政宗は彼（支倉）を、長い旅の休養を取らせるために帰郷させました。彼は自分の妻、息子たちと使用人たち、多くの彼の家来たちと他の高貴な彼の親族たちをキリスト教徒にしました。

と、支倉が自分の親族をキリスト教徒にしたことが記されている。これは、前述のように、息子の常頼がキリシタンの擁護者であることが理由で切腹させられているので確かなことであると思う。

■支倉は本当に棄教したのか

支倉が帰国後、政宗の命令で棄教したという説がある。これについては、イエズス会とフランシスコ会のそれぞれの言い分が異なっている。

フランシスコ会の修道士たちは、「支倉は修道士たちに看取られて、安らかに死を遂げた」と主張している。一方、イエズス会のアンジェリスは、一六二〇年（元和六年）十二月付の書簡で、支倉の棄教の噂について、本当か嘘なのか判らないが、と前置きして、支倉の甥という人物の言葉をそのまま引用して、次のように述べている。

嘘か真実か判らぬが、大使の六右衛門は、彼の異教徒の甥の言葉によれば、転んだ（棄教した）という。
（中略）異教徒の甥は、六右衛門を貶してそのように語ったのであって、南蛮（ヨーロッパ）において洗礼を授かって、数多くの馳走（もてなし）を受けたのち転ぶことは、卑怯者（道理に外れる者）であると言ったからである。

また、イエズス会のジェロニモ・ド・ロドリゲスは、支倉の棄教について一六二二年（元和八年）十月四日付でローマの本部へ書簡を送っている。

大使（支倉）が帰着して十日になっても、彼（政宗）は謁見を許さなかったので、大使は悩みつづけた。大使がもしキリスト教を棄てるならば謁見を許そうという政宗の言葉があり、大使自身も、もし信仰を棄てれば王側（政宗側）が抱いた嫌疑も晴れようと考えた。大使が政宗にいったい何と答えたかはさだかではないが、この返事を受けて政宗があるとき宮殿で大使と会ったということは事実である。

このロドリゲスの証言も当時の噂や第三者からの伝聞をもとにして書かれているので必ずしも事実とは限らない。

支倉が本当に棄教したという確実な証拠は存在しないが、イエズス会が支倉を棄教者として扱っているため、現在、日本カトリック中央協議会も、この説に倣って支倉を棄教者として扱っている。

支倉は帰国して二年後、病死している。前出のセビコス博士の覚書によると、政宗はそのことを書状で知ったと、ソテロはローマ教皇宛ての書簡に記した。

第七章　政宗の裏切り

■キリシタン弾圧始まる

支倉の帰国報告で、政宗がローマ教皇とスペイン国王に請願した事柄の大半が受け入れられなかったことを知り、七年間待った政宗の野望は、はかなく消え去ってしまった。

政宗は、使節団出発後に強まった幕府の弾圧のもとにおいても、後藤寿庵を責任者として多くのキリシタンを領内に保護し、秘かに匿っていた。しかし、支倉の帰国と同時に政宗は、幕府に対して、「キリシタンと手を結ぶ考えなどない」ことを証明するため、キリシタン弾圧に踏み切ったのである。

政宗が、国法に背きキリシタンを匿っていたことについては、さまざまな史料が残されている。

慶長十八年(一六一三年)十二月二十三日、幕府が禁教令を拡充し、取り締まりをますます厳しくすると、政宗は、幕府の厳しい弾圧から逃れてきた夥しい数のキリシタンを、伊達領内の福原に匿って保護した。

福原は南部藩との国境に近い僻地で、幕府の目をくらますにはちょうどよい土地であった。しかし、ここは荒蕪の地でもあり、責任者であった後藤寿庵は、灌漑など、随分苦労をしてキリシタンを養う算段をした。それでも、全国から迫害を逃れてキリシタンが集まった。

これを裏付けているのが、一六一七年（元和三年）十一月二十八日付、ソテロと同僚修道士ペドロ・P・バプチスタおよびディエゴ・デ・サン・フランシスコの三名が連署して、メキシコ副王のグアダルカサール侯に宛てた書簡である。

日本全国において、キリスト教界を公然とまた秘密裏に保護する領主は他におらず、彼（政宗）の家臣たちだけでなく、彼の羊（領民）である他の者すべてに対して、しかも今日では彼の領国に逃げ込んだ幾人かのイエズス会の修道士まで匿っており、キリスト教徒たちや聖なる福音の宣教師たちに対する皇帝（将軍）の迫害にもかかわらず、そこに大勢のキリスト教界を作っていることを考慮して下さることを懇願いたします。彼（政宗）は決して最初の目的（初心）を断念することはなく、むしろ皇帝（将軍）の迫害下において、彼の大使（支倉）がソテロ神父および彼に随行した者たちと一緒に帰国するようにと、このナオ船（サン・ファン・バウティスタ号）を派遣したのです。

政宗が仙台領内のキリシタン集落で保護していたキリシタンの弾圧に踏み切ったのは、元和六年（一六二〇年）八月二十六日。支倉らが帰着してわずか二日後である。その日、領内全域にキリシタン禁令の高札を立てて、迫害を始めた。政宗と後藤寿庵がキリシタン集落を築いて約九年の歳月が経っていた。

政宗がキリシタン弾圧を始めた様子についてアンジェリスは一六二〇年（元和六年）十二月付書簡でローマのイエズス会総長宛てに次のように伝えている。

六右衛門（常長）が仙台に到着して二日目に、キリシタンに対する三カ条から成る法式の札（高札）を立てた。すなわち、第一条、天下の法度であるために領内のすべてのキリシタンは（元の教え＝仏教に）立ち戻ることを命じる。もし転ばない（棄教しない）場合には、知行取りの者は追放し、町人や百姓、陪臣の者たちは処刑すること。第二条、或るキリシタンの詮索の際に信徒であると分からない場合には、これを見つけた者に褒美が与えられること。第三条、教えを宣べ伝える者たちはその札について知った時には、直ちに領内から出て行くこと。もし退去することが迷惑であるというならば、信奉している教えを棄てること。

一方、『貞山公治家記録』によるキリシタンの三カ条の御法度は現代語にすると、

一、将軍の意に反してキリシタンとなった者は、将軍の威厳を冒した重罪人であるから、早速棄教せよ。従わざる時は富者はその財産を没収して追放し、貧者はこれを死刑に処すべし。

二、キリシタン信徒を訴え出るものは、その品により金子または役儀を恩賞として賜るべし。

三、すべてのキリシタン宣教師には廃教を命じる。もし命に従わなければ、領内から放逐することとすべし。

である。この記録はアンジェリス書簡の表現と多少異なっているが内容は符合する。

福原のキリシタン集落で伊達領内最初の斬首刑による殉教者になったのは、ジョアキム津島と妻アンナと他の四人の領民である。こうした残虐な殉教の様子を直接目撃したアン

ジェリスは、

他の二人の殉教は（三年前に洗礼を授かったジョーチン、アンナと称する夫婦で）甚だ厳粛であった。すなわちその付近のキリシタンが事を知って四百人以上が刀や脇差を所持せぬまま集まり、殉教者たちの居所に行って、行列をなして彼らに随伴した。

と、証言している。二人の領民が殉教したことを知った四百人以上の領民が、武器を手にして暴徒化するのではないかと、アンジェリスは危惧したようである。しかし結果は、まったく違った。キリシタン集落の信徒たちは、殉教を神の恩寵と考えて死ぬことを覚悟したのであろう。

後藤寿庵は政宗の説得や脅しにも耳を貸さず、棄教を拒んだ。

イエズス会総長に宛てられた『一六二四年度・日本年報』によると、政宗は寿庵だけを除いたキリシタンの人名簿作成を命じるとともに、藩の重臣で寿庵と親しかった石母田大膳に命じて背教を説得させた。

キリシタンたちから親とも慕われ、教会の柱ともなっていた寿庵を政宗もまた厚く信頼し、失いたくなかったので、次の三つの条件を守る誓詞を出せばキリシタンの信仰を守ってよいと言った。

1．一刻たりとも神父を邸に留めないこと。

2．誰にもキリシタンの教えを説かず、またキリシタンたちに信仰を固守するように勧めないこと。

3．自分がキリシタン信仰を守ることを許されていることは内緒にしておくこと。

寿庵はこの誓詞を差し出すことを拒否した。何としても誓詞を差し出せとあらば、殿のご恩顧、生命、財産のすべてを失うことも苦しうござらぬ、と答えた。政宗はかっとなったが怒りを抑え、寿庵のことは知らぬふりをして放置した。

しかし、キリシタン嫌いの重臣、茂庭周防は、寿庵だけを除外するのは不当だとして、キリシタンを根絶するには寿庵をまず処分すべきだと主張した。寿庵の友人の石母田は政宗の恩顧に報いるためにも、表面だけでもキリシタンを棄ててもらいたいと懇々と勧めたが、寿庵は、「デウスのご恩はさらに重くデウスには背けませぬ」と答えた。そして寿庵は二人の従者を伴って下嵐江に行き、マチャス・伊兵衛というキリシタンの家の側に小屋を建てて隠れた。その後役人が見分にも押し入ってきて、寿庵の館を急襲し、火を放った。これは寿庵に対する最後の脅しのつもりであったが、寿庵は信仰を守って動かず、その後、南部藩に逃れたと伝えられているが、消息は不明である。

ヴァティカン図書館には、政宗が領内のキリシタン弾圧に踏み切って一年後の元和七年（一六二一年）八月十四日付で、後藤寿庵を筆頭にした奥州のキリシタン代表者たちが、ローマ教皇パウルス五世に宛てた連署状（ラテン語抄訳付）が残されている。ここにも、政宗が弾圧を始めたようすが記されている。

去歳上旬の頃、伊達政宗、天下を恐れ、私の領内において、へれせきさん（迫害）おこし、あまた（数多）まるちれす（殉教者）御座候。御出世以来千六百廿年（元和六年）せてんほろ（九月）の四日よりせんさく（詮索）仕はじめ（中略）ひいです（信仰）堅固に之有儀候。（中略）出羽奥州のキリシタン、ダテ（政宗）のため深重に存じ奉り候、今より以後デウスの御奉公にあい届申し候ように、ご不憫（都合が悪い）を加え給い、恐れながら、御ヘンサン（神から与えられる祝福）を仰ぎ奉るべき

ために、この如く言上仕り候。（句読点筆者）

自分たちキリシタンを保護してくれるはずの政宗が、天下を恐れて領内で迫害を始め、大勢の殉教者が出ていると伝えている。後藤寿庵らには、表面的とはいえ洗礼志願者であった政宗に裏切られたという断腸の思いがあっただろう。

教皇もこれを読んで、政宗の二枚舌にあきれ果てたのではなかろうか。

■政宗に向けられた疑惑

そもそも、家康と秀忠は、政宗の遣欧使節団をどう見ていたのだろうか。

アンジェリス書簡（一六二〇年〈元和六年〉十一月三十日付）から、秀忠が政宗に対し、「謀反の疑惑」の眼を向けていた事実がわかる。

政宗は彼（支倉）が日本に帰着したことを聞くと、天下殿（将軍）に対する恐れから、領内のキリシタンを迫害することを決意した。天下殿は政宗がエスパニア（スペイン）国王に派遣した使節のことを知っており、政宗は天下に対して謀反を起こす気

であると考えていた。そのため、政宗はエスパニア国王への使節派遣は天下に対して謀反を起こすためではなく、また、キリシタンと手を結ぶためでもないことを天下殿に示すべく、直ちに使者を彼のもとに遣わし、キリシタンに対する迫害を始め、そのうちの幾人かを処刑した。

また、同年十二月付の書簡でも、ほぼ同様の内容が報告されている。

政宗はエスパニア（スペイン）国王とローマ教皇のもとに使節を派遣したことから天下を恐れるあまり、あのようなサマタゲ（迫害）を行っているものと思われる。将軍の父（家康）と将軍（秀忠）自身もこのことをすべて知っており、使節のことをあまり快く思っていなかった。むしろ彼ら（家康と秀忠）は政宗が天下に対して謀反を起こすため、エスパニア国王およびキリシタンと手を結ぶ目的で大使を派遣したと考えたのであり、将軍の船奉行である向井将監がそれを政宗に伝えた。このような次第であったから、政宗は大使の帰着により、キリシタンと手を結ぼうとしたのではないことを将軍に示そうと欲した。

徳川秀忠（松平西福寺蔵）

家康と秀忠は、政宗がキリシタンと手を結んで謀反を起こすことを警戒し、向井将監を通して警告していたとまで書いている。

家康と秀忠が、政宗の陰謀を知ったのは、いつ頃だったのであろうか。そして、どのような経緯で知ったのであろうか。筆者は、「訪墨通商使節団」の随行員として、約一年間メキシコに滞在した、向井将監の家臣たちの報告からであったと思う。彼らは、一六一五年（慶長二十年）八月十五日、スペインの遣日使節フライ・ディエゴ・デ・サンタ・カタリーナらと共に、アカプルコ港から「サン・ファン・バウティスタ号」で浦川（浦賀）に帰国した。向井将監の家来たちは、帰国後、メキシコから奥南蛮（ヨーロッパ）へ旅立った、支倉以外、姓名や素性が分からない総勢二十九名の「訪欧使節団」のメンバーの不可解な行動を向井将監に報告し、それを、向井将監が直接、家康と秀忠に伝えたと考えるのが妥当である。

■消された記録

政宗は最初から、計画を万一幕府に悟られても、自分自身や藩に責任が及ばないように対策を講じていた。その主な対策として、大使の人選は、伊達家の縁者や家老級の重臣を選ばなかった。そして、重要な証拠物件となる書簡や記録は、何も残さないようにした。特に、交渉相手との書簡のやり取りには気を配り、(スペイン語やラテン語による文書でも)直接的な表現は用いず、比喩的な表現を用いるなど、常に曖昧な表現に徹した。そして、機密事項に関しては口頭で伝える方法を用いた。口頭による伝達方法は、セビィリャ市庁、ローマ教皇やスペイン国王に対して用いられた。また、政宗からローマ教皇やスペイン国王に宛てた親書でも、「自分(政宗)が申し上げることはソテロあるいは支倉が良く知っているから、彼らの口から聞いてくれ」とした。

伊達藩士や日本のキリシタン代表者らで編成した「訪欧使節団」の随行員の姓名や素性などは、ソテロと支倉以外は帰国後も極秘扱いにされた。

こうした政宗と使節団員の徹底した秘密主義によって、幕府から「使節派遣は、天下に対する陰謀ではなかったのか」と疑われながらも、結局は責任を追及されることはなかったのである。

政宗の小細工は、外交交渉においてはマイナスにしかならなかったが、最後の最後になって、自分の身だけは守ってくれたことになる。

終章　余話

■キリスト教界代表の三名の消息

セビィリャの通商院の史料では、「訪欧使節団」のメンバーのうち、支倉を含めた伊達藩士二十六名は全員がセビィリャからメキシコへ帰還している。しかし、日本人使節団は総員二十九名だったはずだ。残りの三人——日本キリスト教界の代表者として使節団に加わっていたトマス・瀧野嘉兵衛、ペトロ・伊丹宋味、フランシスコ・野間半兵衛の消息について追跡してみる。

まず、瀧野だが、セビィリャのインディアス総文書館に残されている史料によると、彼は使節団から離脱して、ソテロの紹介で、セビィリャのフランシスコ会の修道院に修練士として入会した。だが、彼は短期間のうちにその修道院を脱会してしまった。修道院を去った確かな理由は判らないが、言葉や文化の壁に突き当たって、現地社会に同化できなかったことが原因であったと考えられる。修道院を去った瀧野は、セビィリャ市内に住むディエゴ・ハラミーリョという貴族の使用人になった。ところが、この新しい主人は、冷酷な心の人で、瀧野を奴隷扱いにし、焼き印を押すように命じた。そのうえ、彼に労働報酬をまったく支払わなかった。これを不服として、彼は国王フェリッペ四世に日本への帰国の自由と許可を願い出て認められ、一六二三年（元和九年）にセビィリャを離れてメキシコへ帰還している。

次に、近年、スペインのバレンシア州アリカンテ市の文書館で、地元の郷土史家が同市の『年代記』に慶長遣欧使節の随行員に関する記述があることを確認した。

この記録には、

一六一六年（元和二年）四月二日に、当アリカンテ市に（天正少年遣欧使節団員と）同じ容貌と、身なりをした数人の日本生まれの人たちが到着しました。彼らはローマから戻ってきた他の使節団員（慶長遣欧使節団員）であり、フランシスコ会の修道院に数日間宿泊しました。彼らはスペイン語を話し、非常に礼儀が正しかったです。


と、簡単に記載されていた。

支倉ら使節団一行は、一六一六年（元和二年）三月上旬にジェノヴァを出発し、三月下旬にスペインのマドリード市郊外のフランシスコ修道会のサン・ペドロ教会にたどり着いている。一方、支倉ら使節一行と共にマドリードへは向かわず、一行と別れて行動した複数の随員たちは誰か。

まず、二十六名の伊達藩士については、支倉を含めて全員がメキシコに帰還したので対象外となる。「訪欧使節団」から離脱して自由な行動ができた随員は、日本のキリスト教界の代表者のうち、瀧野を除く伊丹と野間の二名である。したがって、アリカンテ市の『年代記』に記載されている日本人とは、伊丹宋味と野間半兵衛の二人である可能性が極めて高い。

それにしても、彼らはなぜアリカンテへ向かったのであろうか、その理由として考えられるのは、アリカンテは十六、十七世紀の大航海時代におけるスペイン艦船の重要な軍港として知られていたことである。アリカンテ港からスペイン艦船が地中海のイタリア半島のリヴォルノ港やジェノヴァ港、そして、ローマ教皇領のチヴィタヴェキア港などと行き来していた。伊丹と野間の二人は、ローマを再訪問するためにアリカンテ港からスペインの艦船に乗船したのではないか。すでに日本ではキリシタンに対する迫害が始まっていた。政宗の請願がすべて却下された今となっては、日本に帰っても、キリシタンの彼らが生きてゆく空間はない。捕縛され、処刑される運命が待っていることは、自明だ。そこで、貴族の称号を与えられて大歓迎されたローマ市に戻って、自由に生きて行くことを決断したのではないだろうか。

『年代記』によると、アリカンテで彼らは、スペイン艦船の出帆を待つためにフランシスコ会の修道院にしばらく滞在したようである。彼らは、スペイン語を話し、礼儀正しかったと記録されている。ちなみに、「天正少年遣欧使節団」の四人の少年使節団員は、アリカンテ港からローマ教皇庁領のチヴィタヴェキア港へ向かうスペイン艦船に乗船するために、一五八五年（天正十三年）一月三日から二月七日までこの地に滞在している。

■先駆者・箕作元八博士

政宗の野望を明らかにする研究には、先駆者がいる。明治、大正期の史学者、箕作元八博士である。博士は、ヴァティカン機密文書館蔵のラテン語による『日本のキリスト教徒の連署状』（一六一三年〈慶長十八年〉十月一日付）、および日本語による『畿内キリシタン連署状』（一六一三年九月二十九日付）を元に論文を発表している。

ローマ教皇パウルス五世に宛てられたこの連署状には、京都（伏見）、大坂、堺のキリシタンの指導者百十七名が署名している。この連署状は、日本のキリスト教界の代表として「訪欧使節団」の主力随行員に選ばれた「勢数多講（信心会）」所属のトマス・瀧野嘉兵衛、ペトロ・伊丹宋味、フランシスコ・野間半兵衛の三人が、ローマ教皇に謁見した際に奉呈された（一六一五年〈元和元年〉十一月二十五日）。

じつは、この連署状の存在は、明治時代から広く日本で知られていた。この連署状を日本人で初めてヴァティカン機密文書館で検分したのは、箕作元八博士である。博士は、明治二十年代の初めにドイツ・ハイデルベルク大学、テュービンゲン大学に留学して「近代歴史学の父」と言われたレオポルド・ランケの歴史研究法などを学んでいた。

箕作博士は、この連署状のうち、ラテン語で書かれている『日本のキリスト教徒の連署状』を、指導教授に頼んでドイツ語に訳してもらい、それを解読して、明治三十四年（一九〇一年）に、ドイツで最も権威ある歴史学専門誌『ヒストーリッシェ・ツァイトシュリフト』に論文を発表した。その中で、伊達政宗の遣欧使節派遣の目的が、天下への野心（幕府転覆計画）であったことを詳細に論述している。このドイツ語論文の要旨は、日本の歴史学研究において最も権威ある学術誌『史学界』に紹介されている。その要点を抜粋する。

箕作元八（東京大学総合図書館蔵）

○家康及其子秀忠の権力確立するに及びて、耶蘇教の国家統一に適せざるを見、千六百十二年（慶長十七年）更に禁令を出して、残酷なる処刑を始めたり。

此年フランシスコ派の一僧ルイス、ソテロという者当時猶江戸の廓外なりし浅草に礼拝堂を建てて、僅かの信徒を集めたり。翌千六百十三年（慶長十八年）将軍はソテロ及日本人の耶蘇教徒二十九人を捕縛せしめ日本人は尽く処刑せられたり。ソテロは仙台侯伊達政宗の請哀に由りて、赦免を蒙り、後遂に政宗の使節として、マドリッド及羅馬に派遣せらるることとなれり。

○狡獪なる奥州侯政宗は此外猶一の野心を抱懐せり。何ぞや。彼は日本の耶蘇教徒、西班牙王並に羅馬法王の保護によりて、全日本を掌握せんと欲せしなり。是事に至りては、従来の学者、不思議にも、嘗て精密に論じたるものなし。

○書中政宗は王がオブセルヴンシヤ派の僧を其領内に送り、又政宗と同盟を為さんことを請う。支倉は之に加えて奏して曰く、政宗は「彼の身体、彼の領国、並に彼の有する一切の者を陛下の保護の下に置き、然して彼の親誼と彼の忠勤とを捧げん」ことを欲すと。（中略）即ち見るべし、政宗の用意周到なる、其胸奥の真意は之を紙上に直写せずして、之を支倉及ソテロに口頭の訓令を以て示したることを。

○ベネチア公使シモン、コンタリニー（Simon Contarini）が其政府に宛てたる報告に拠れば、ソテロは使節中の発言者として「彼の王（政宗）は、今後幾くもなく、今より一層高き王冠を戴くべく、其時に及べば、啻《ただ》に彼自ら羅馬教会の基督信者となるのみならず、併せて一切の他の者をも之に引き入るべし」と確言せりという。此「一層高き王冠」とは、取りも直さず、将軍を指せるものならざるべからず。

○日本基督信者の願書（請願書）中に曰く、『大なる門戸は既に開きぬ。上帝（将軍）は上述の奥州の王を照耀したまいぬ。王は其勢力の大なるに於て、何人をも凌駕す。而して予等は王（政宗）が出来得る限り早く皇帝（将軍）とならんことを期待すればなり。而して王は其理会力の敏鋭と、其精神の偉大なるとに於て、一切の人々の間に赫々たる明星の如く輝けばなり。此事に就きては、上記の三人（此願書の持参人＝トマス瀧野嘉兵衛、ペトロ伊丹宋味、フランシスコ野間半兵衛）の報告によりて、更に詳かに聞き給うべし』と。

○特に此耶蘇教徒との同盟は、西班牙と親交する前提にして、西班牙の強大なるは、当時日本の善く知る所、其船舶と大砲とは邦人の甚尊重する所なりき。故に政宗も彼等耶蘇教徒の助力を以て、決して侮るべからざるものとなししは之を推測するを得べし。予は傲慢にして野心満々たる政宗は其の願望の成就したる暁には、果して西班牙の権力を認めたるべきや否やを疑うものなり。

まったくの慧眼である。箕作博士の「幕府転覆説」は、当時のわが国の歴史学会で非常に注目を浴び話題になった。

ところが、明治三十五年（一九〇二年）以降、国策としての慶長遣欧使節の研究が、東京帝国大学史料編纂官・村上直次郎博士に委ねられると、なぜか箕作博士の「幕府転覆説」は、史学界から消える。そして、明治四十二年（一九〇九年）に村上直次郎博士が編纂した『大日本史料（第十二編之十二）』（東京帝国大学文学部史料編纂掛）には、使節派遣目的が、宣教師の派遣要請とメキシコとの通商交易の開始のためであった、という現在の定説に結び付く内容が紹介されたのである。

これら二通の連署状は、『大日本史料（第十二編之十二）』に全文収載されており、近年では、『仙台市史　特別編8　慶長遣欧使節』（仙台市博物館）にもすべて紹介されている。

にもかかわらず、定説の変更が試みられたことはない。

■『連署状』の検討

『日本のキリスト教徒の連署状』では、日本の「キリスト教徒の代表者」は、ローマ教皇パウルス五世に対し、政宗が将軍になることを期待していることを伝えている。

教皇聖下様、前述の偉大で権力のある奥州の王（政宗）を神が召し出して、彼に光明を投じたとき、大きな門が開かれたということを疑わないで下さい。彼はその勢力と権力において、他の誰よりも強大であり、私たちは彼が直ぐに皇帝（将軍）になることを望んでおります。

それにしても彼らキリシタンが、まだ洗礼も受けていなかった政宗を、「キリスト教徒の王」と決めつけて支持していた背景には、それだけ日本中の大名が幕府のご機嫌をうかがって、キリシタンたちを弾圧していたことがあったのであろう。前述したが、政宗は支倉らが帰国するまでは弾圧をしなかった。『幾内キリシタン連署状』の文中にも、ほぼ同様の内容の記述がある。

此人〈奥州之屋刑〈形〉政宗〉日本にて、一番之大名知恵ふかき人にて御坐候へは、日本之主〈将軍〉になり候とのとりさた〈取沙汰〉御坐候間。

当時すでに、徳川幕府の統治も安定を見せ始め、将軍職は、徳川家の世襲と定められていた。徳川家出身でない政宗が将軍職に就くには、武力で倒幕して、将軍職を奪う以外に方法はない。つまり、キリシタン代表者らは、政宗と手を結んで徳川幕府を倒すことを表明したのである。

今こそ箕作博士の論文の再評価が必要なのではないか。

あとがき

本書は、私がライフワークとする「支倉六右衛門常長・慶長遣欧使節」の半世紀にわたる研究の集大成である。

五十三年前にメキシコ留学と同時に始めた私の研究が、ようやく定説とは異なる新史実の全貌を見出すことが出来たことには、学者冥利に尽きる思いがする。

過去五十年の歳月を振り返ってみると、多くの困難や苦労があった。とくに、苦労したのは、研究に不可欠な超難解な古典ロマンス語（ラテン語、スペイン語、イタリア語、ポルトガル語）の習得であった。これらの言語の読解力向上のための習練と、手書きの癖のある古文書の翻刻（翻字）技術の習得には、およそ三十年の歳月を費やした。ちなみに、私が手書きのロマンス語表記の原文書をようやく読めるようになって、それらの原文書を自ら解読して、当該使節関係の自著書を初めて上梓したのは一九九四年であった。つまり、メキシコの学舎で研究を始めてちょうど三十年の歳月が経っていた。

本年三月、これまでの研究を総括し、政宗の使節派遣の真相について一人でも多くの読者に理解を深めてもらうための出版構想を練っていた。その矢先、青森の病院で、年に一度の人間ドックの検診の際、心臓疾患の疑いを指摘されたのである。早速、心臓造影CT検査や心臓エコーなどの精密検査を受けた結果、心臓が壊死している状態で、かなり重症の狭心症と診断された。家族や日本大学国際関係学部の教職時代の多くの弟子たちの強い勧めもあり、急遽、東京・秋葉原の三井記念病院に入院し、両脚の動脈を三本の大動脈に移植する六時間半に及ぶ大手術（冠動脈バイパス手術）を受けた。

手術をしてくれた先生方のお蔭で九死に一生を得ることができ、その後、順調に快復して、手術後二週間足らずでスピード退院することができた。

入院する前日に教職時代の弟子である舟窪登、林嘉一両君の音頭で、東京・豊洲の舟窪邸に数十名が集まって激励会を開いてくれた。タイ、米国、ベトナムなどの、海外居住者のほか、国内の遠方からも大勢の弟子たちが駆けつけてくれた。この時、弟子たちから、私の人生の大半を捧げてきたこの使節の研究の総括を完遂するためにも、必ず元気になって戻って来るようにと激励され、思い掛けない病に罹ってやる気を失っていた私の気持ちを盛り上げてくれた。その励ましがあって、入院中の病室にパソコンを持ち込んで本書の原稿執筆を始め、在宅治療を続けながら、六月末にようやく脱稿することが出来たのである。

私の半世紀以上の研究は、国内外の多くの方々の御協力、御援助を必要とした。心より厚く御礼を申し上げたい。とりわけ、私が二〇〇七年四月に、日本大学から青森中央学院大学へ移籍して以来、私の研究に理解を示してくださり、研究環境の整備や研究助成の面で大変お世話になった青森中央学院大学の石田憲久理事長および学校法人青森田中学園長・青森中央短期大学学長の久保薫先生に対し、満腔の謝意を表したい。また、四十年以上にわたって私の研究を支えてくれた妻の陽子に対し、深く感謝の意を表したい。

最後になったが、本書の刊行並びに校正その他の諸事万端については、文春新書編集長の吉地真氏に対し、厚く御礼を申し上げたい。

二〇一七年七月

大泉光一

慶長遣欧使節関係年表

西暦	支倉常長と関係者の主な出来事	和暦	関連事項
1613年 10・28	●支倉六右衛門常長、向井将監の家人ら使節、ソテロ、ビスカイノら合わせて百五十余人が、サン・ファン・バウティスタ号で仙台藩・牡鹿半島の月浦を出港。	慶長十八年 九月十五日	
(14・1・31)		十二月二十二日	●家康、金地院崇伝にキリスト教禁令を起草させ、弾圧する態度を決める。
1614年 1・29(25)	●メキシコ太平洋岸のアカプルコ入港。	慶長十九年	
3・4	●使節の先発隊、メキシコ入り。 ●メキシコ副王、六右衛門ら十人を除き、使節の武器を取り上げるように命令する。		
3・24	●六右衛門ら使節メキシコ市入り。		
5・8(29)	●六右衛門ら使節メキシコ市を出発。		
6・10	●使節、スペイン艦に乗ってヴェラクルスのサン・ファン・デ・ウルア港を出港。		
7・23	●キューバのハバナに着く。		
8・7	●ハバナを出港。		

(8・24)		七月十九日	●六右衛門の養父時正死去(数え年七四)。
9・29	●六右衛門、レルマ公爵宛てに披露状を書く。		
10・5	●使節、スペイン南部のサン・ルカール・デ・バラメダに入港。セビィリャへ。		
10・27	●六右衛門、セビィリャ臨時市会議に臨み、使命を述べる。		
(11・7)		十月六日	●近畿のキリシタン大名だった高山右近らがフィリピンのマニラに追放。
11・25	●使節、セビィリャを出発。		
(12・11)		十一月十一日	●政宗、大坂冬の陣を前に、家康に会う。
12・20	●使節、スペインの首都マドリードに入る。		
(15・1・22)		十二月二十三日	●大坂冬の陣で和睦が調ったのを受け、政宗も大坂城の堀を埋める作業にかかわる。
1615年		慶長二十年	
1・30	●六右衛門ら使節、スペイン国王フェリッペ三世に謁見。		
2・17	●六右衛門、王立跣足会女子修道院の付属教会で洗礼を受ける。フェリッペ三世ら臨席する。		

4・28	●アカプルコに抑留されていたサン・ファン・バウティスタ号で、メキシコ残留組が出港。		
(6・3)		五月七日	●大坂夏の陣。二日間にわたる激戦の末、大坂城落ちる。仙台藩勢も奮戦。
(8・15)		閏六月二十一日	●サン・ファン・バウティスタ号、浦川に帰着。
8・22	●使節、マドリードを出発。		
(9・5)		元和元年 七月十三日	●年号を元和に改元。
10・25	●使節、ローマに到着。		
10・29	●使節、ローマで入市式を行う。		
11・3	●六右衛門、ソテロら、ローマ教皇パウルス五世に謁見する。		
11・15	●小寺池(小平)外記、ローマのサン・ジョヴァンニ・イン・ラテラーノ大聖堂で洗礼を受ける。		
11・20	●六右衛門ら、ローマ市民権証書を授与される。		
12・24	●六右衛門、アラチェーリ教会で堅信を受ける。		

西暦	月日	事項	和暦	月日	事項
1616年	1・7	●使節、ローマを出発。再びスペインへ。	元和二年		
	(4・8)			二月二十二日	●政宗、病床の家康を見舞いに駿府到着。
	(6・1)			四月十七日	●家康死去(数え年七五)。
				七月二十四日	●政宗、同日付でヌエバ・エスパニア総督らに書状を書く。
	(9・30)			八月二十日	●仙台藩士横沢将監、政宗の命を受け六右衛門ら使節を迎えに、サン・ファン・バウティスタ号で堺(浦川説も)を出港。
1617年	4・24	●六右衛門、セビィリャでフェリッペ三世に政宗宛ての返書の催促を願う書状を書く。	元和三年		
	7・12	●フェリッペ三世、同日付で政宗宛てに返事を書く。			
1618年	6月下旬	●メキシコまで戻り、さらに迎えのサン・ファン・バウティスタ号でアカプルコを出港した六右衛門、ソテロら、フィリピンのマ	元和四年		

西暦	月日	事項	和暦	月日	関連事項
		ニラに着く。 ●六右衛門、二十二日付でマニラから息子勘三郎に手紙を書く。			
1619年	(10・6)		元和五年	八月二十九日	●京都で五十二人のキリシタンが火あぶりにされ、殉教。
1620年	8・26	●六右衛門ら使節、ソテロをマニラに残し、船で帰国の途につく(サン・ファン・バウティスタ号はマニラで買収される)。	元和六年	七月二十八日	
	(9・22)			八月二十六日	●仙台藩内の公道などに、キリスト教禁令の高札が掲げられる。
	10・18	●政宗、フィリピンにいるソテロの扱いについて幕府重臣に指示を求める。		九月二十三日	
1621年	1・28		元和七年		●パウルス五世死去(六八)。
	3・31				●フェリッペ三世死去(四二)。
1622年	8・7	●六右衛門死去(数え年五二)。	元和八年	七月一日	

	10月末	●ソテロ、マニラから薩摩(現・鹿児島県)に潜入しようとして捕まり、大村藩の牢に投獄される。		
	12・27	●ソテロ、牢獄から政宗に書状を書く。	十一月二十五日	
1623年	5・27		元和九年	●ローマ教皇グレゴリウス十五世、同日付の書状で、政宗が洗礼を受け、キリスト教を保護するよう願う。
	8・20	●仙台藩の重臣石母田大膳、獄中のソテロに返事を書く。	七月二十四日	
	10・21	●長崎奉行、ソテロの件で石母田宛てに書状を書く。	閏八月二十七日	
1624年	2・22	●ポルトガル人宣教師デ・カルヴァリョら、仙台城下の広瀬川で水責めに遭い、殉教。	元和十年 一月四日	
	(4・17)		寛永元年 二月三十日	●年号を寛永に改元
	8・25	●ソテロ、大村(現・長崎県大村市)の放虎原で火あぶりにされ死去(四九)。	七月十二日	
1636年	6・27	●政宗死去(数え年七〇)。	寛永十三年 五月二十四日	

主要参考文献

清水紘一『キリシタン禁制史』教育社歴史新書、一九八一年
山本博文『殉教——日本人は何を信仰したか』光文社新書、二〇〇九年
パブロ・パステルス著、松田毅一訳『16—17世紀 日本・スペイン交渉史』大修館書店、一九九四年
ロレンソ・ペレス著、野間一正訳『ベアト・ルイス・ソテーロ伝——慶長遣欧使節のいきさつ』東海大学出版会、一九六八年
松田毅一『慶長遣欧使節——徳川家康と南蛮人』朝文社、一九九二年
大泉光一『支倉常長——慶長遣欧使節の悲劇』中公新書、一九九九年
大泉光一『捏造された慶長遣欧使節記——間違いだらけの「支倉常長」論考』雄山閣、二〇〇八年
大泉光一訳注・解説『支倉六右衛門常長「慶長遣欧使節」研究史料集成』第1巻、雄山閣、二〇一〇年
大泉光一訳注・解説『支倉六右衛門常長「慶長遣欧使節」研究史料集成』第2巻、雄山閣、二〇一三年
大泉光一訳注・解説『支倉六右衛門常長「慶長遣欧使節」研究史料集成』第3巻、雄山閣、二〇一七年
大泉光一『支倉常長 慶長遣欧使節の真相——肖像画に秘められた実像』雄山閣、二〇〇五年
大泉光一『キリシタン将軍伊達政宗』柏書房、二〇一三年
大泉光一『伊達政宗の密使——慶長遣欧使節団の隠された使命』洋泉社歴史新書y、二〇一〇年
大泉光一『支倉六右衛門常長——慶長遣欧使節を巡る学際的研究』文眞堂、一九九八年

大泉光一『歴史研究と「郷土愛」――伊達政宗と慶長遣欧使節』雄山閣、二〇一五年
大泉光一『メキシコにおける日本人移住先史の研究――伊達藩士ルイス・福地蔵人とその一族』文眞堂、二〇〇二年
大泉光一『メキシコの大地に消えた侍たち――伊達藩士・福地蔵人とその一族の盛衰』新人物往来社、二〇〇四年
大泉光一『政宗の陰謀――支倉常長使節、ヨーロッパ渡航の真相』大空出版、二〇一六年
菅野義之助著、及川大渓補訂『奥羽切支丹史』佼成出版社、一九七四年
片岡弥吉『日本キリシタン殉教史』時事通信社、一九七九年
トマス・オイテンブルク著、石井健吾訳『十六～十七世紀の日本におけるフランシスコ会士たち』中央出版社、一九八〇年
浦川和三郎『東北キリシタン史』日本学術振興会、一九五七年
浅見雅一「史料紹介『仙台市博物館所蔵のルイス・ソテロの関係文書』」『市史せんだい』vol.13、二〇〇三年

欧文文献

1. Scipione Amati, *"Historia Del Regno Di Voxu Del Giapone, Dell'Antichita, Nobilita, E Valore del Suo Re Idate Masamune, Dedicate alla Santa di N. S. Papa PAOLO V."* Roma, 1615.
2. José de Olarra Garmendia, Maria Luisa de Larramendi, *"Correspondencia entre la Nunciatura en España y la Santa Sede Reinado de Felipe III（1598–1621）, VI. Años 1615–1617"* Roma Iglesia Nacional Española, 1966.
3. P. Aniceto Chiappini, *"Annales Minorum seu Trium Ordinum a S. Francisco Institutorum, Tomus XXVI.（1623–1627）"* Ad Claras Aquas（Quaracchi）Prope Florentiam, 1933.
4. Fabrizio Apollonj Ghetti, *"Il mio concittadino Hasekura Strenna dei Romanisti Natale di Roma MMDCCXLIV"* Editrice Roma Amor, Al'rile, 1991, pp.17–33.
5. Miguel León-Portilla, *"La Embajada de los Japóneses en México, 1614. El Testimonio en Nahuatl del Cronista Chimalpahin"* Estudios de Asia y Africa, Vol. XVI. No.2 abril-junio, 1981, pp.215–241.
6. Manuel Rivera Cambas, *"México Pintoresco Artístico y Monumental"* Editorial del Valle de México, S.A., 1974.
7. Diego de San Francisco, *"Relación verdadera y breve de la persecución y martirios que padecieron en japón"* 1625, p. 103

8. Juan Gil, *“Hidalgos y samurais; España y Japón en los siglos XVI”* Alianza Editorial, 1991,384–425 paginas.

9. Jose Koichi Oizumi y Juan Gil, *“Historia de la Embajada de Idate Masamune al Papa Paulo V (1613–1615)”* Doce Calles, Madrid, 2011.

10. Leon Pages, *“Histoire de la religion chrétienne au Japon depuis 1598 jusqu’à 1651, comprenant les faits relatifs aux deux cent cinq martyrs, béatifiés le 7 juillet 1867”*, C. Douniol, Paris, 1869.

11. Chimalpahin Quauhtlehuanitzin, Francisco de San Anton Muñon, *“Diario de Chimalpahin”*, Le manuscrit mexicain 220, Bibliothèque Nationale de paris, pp. 123–124（Paleografia y traducción de Miguel León-Portilla, *“La Embajada de los Japoneses en Mexico”* abril-junio, 1981, Num 2, pp. 215–241）

12. *“Recopilación de Leyes de los Reynos de las Indias”* Mandadas inprimir y publicar por la Magestad Catolica del Rey Don Carlos II, Tomo II,III. Quarta Impresión Hecha de orden del Real y Supremo Consejo de Las Indias, Madrid MDCCLXXXXI por la viuda de D. Joaquin Ibarra.

大泉光一（おおいずみ　こういち）

1943年、長野県諏訪市生まれ。宮城県柴田郡大河原町で育つ。日本大学博士（国際関係）。メキシコ国立自治大学東洋研究所研究員、スペイン国立ヴァリャドリード大学客員教授、同大学アジア研究センター顧問などを経て、日本大学国際関係学部・大学院教授。現在、青森中央学院大学・大学院教授。『支倉常長　慶長遣欧使節の真相——肖像画に秘められた実像』（雄山閣）で2006年度の和辻哲郎文化賞受賞。『支倉常長——慶長遣欧使節の悲劇』（中公新書）、『支倉六右衛門常長「慶長遣欧使節」研究史料集成』（全3巻、雄山閣）など著書多数。

文春新書

1138

暴《あば》かれた伊達政宗《だてまさむね》「幕府転覆計画《ばくふてんぷくけいかく》」
ヴァティカン機密文書館史料《きみつぶんしょかんしりょう》による結論《けつろん》

2017年（平成29年）9月20日　第1刷発行

著　者　大　泉　光　一
発行者　木　俣　正　剛
発行所　株式会社　文　藝　春　秋

〒102-8008　東京都千代田区紀尾井町3-23
電話（03）3265-1211（代表）

印刷所　理　想　社
付物印刷　大　日　本　印　刷
製本所　大　口　製　本

定価はカバーに表示してあります。
万一、落丁・乱丁の場合は小社製作部宛お送り下さい。
送料小社負担でお取替え致します。

ISBN978-4-16-661138-6